新しい視点の生涯学習

家庭・学校・社会で育む発達資産

立田慶裕・岩槻知也 編著

北大路書房

■ はじめに ■

　今日，少子高齢化や高度情報化，環境問題の深刻化，あいつぐ自然災害など社会や地球環境が大きく変化するなか，人々を取り巻く生活環境自体も急激な変化の時代を迎えている。そうした環境のなかで生まれた子どもたちは，現在の大人が経験したこともないような時代を生きようとしている。

　子どもの時からアトピーや花粉に襲われ，学校では，いじめ問題や学力・体力の低下，読書離れ，コミュニケーション能力の低下といった状況に出合い，そして学校卒業後の青年期には就職難の問題に直面し，職業生活に入ると急激な技術進歩や組織改革が進められ，いつ仕事を失うかわからない。また結婚後子どもに恵まれれば，地域や家庭では子どもたちを危険から守り育てる親として生きていかなければならない。しかも，高齢期を迎えても安定した老後は必ずしも保証されないのが現代である。本書は，そうした不安な社会状況のなかで，生涯学習のための新たな視点として「発達資産」という考え方を提示し，個人的・社会的に安定した生活と教育の基盤の形成を図ろうとするものである。

　発達資産（Developmental Assets）とは，発達段階に応じた形成が望ましいとされる資産をさす。この概念は，もともと地域で子どもたちや青年を健康に育てることを目的に活動する米国のNPO機関サーチ・インスティチュートの提唱による。その定義に従えば，この発達資産は，人の「教育や健康面でのよりよい発達をうながす環境的な力」と「内面的な力」から構成される。環境的力とは，人の発達に影響を及ぼす家庭・学校・近隣地域，職場などの生活の場やそれぞれの場を構成する人（家族，教師，仲間，地域の大人や上司，同僚）などの外的な環境を意味する。一方，内面的な力とは，とくに心理的な発達を構成する価値観・倫理観，社会的能力や肯定的なアイデンティティ，そして個人の学習習慣や学習の力などの内面的要素を意味する。この環境的な力を「外的資産（external assets）」，内面的な力を「内的資産（internal assets）」とよ

はじめに

び，発達は，この2つの種類の資産がより多く蓄積されることによって実現するという視点である。

たとえば，家族との人間関係は，学校や地域社会，職場などの関係性とは異なり，生涯にわたって続くものである。家族は子どもたちを幼少の頃から支援し続け，それは，心理的な面で目に見えない無形の支援だけではなく，子どもたちの成長とともに，実際に目に見える「有形」のものとなって子どもたちの心や身体，そして学習の基礎を形づくる習慣や態度となって身についていく。その意味で，形に残る「資産」という言葉が用いられている。

生涯にわたる学習の視点に立ったとき，私たちを日常的に取り巻く環境（家庭，地域，学校，職場）や価値観，習慣などは，まさに経済的な財産のような資産となって形成されていくことに気づく。同時に，家族だけではなく，職場や地域社会の発達を含めて考えれば，青少年のよりよい発達をうながすためには，「発達資産を豊かに蓄積した地域社会（asset-building community）」の形成も必要となってくる。

さらに，次頁の図に示したように，子どもたちの発達は，同時に大人たちの発達と共に進んでいくことが重要である。生涯学習の基礎となった生涯教育の考え方では，学校教育は成人教育と同時並行に行なうことにより，その効果は倍増するという。子どもたちだけが健康や防災，生きるために必要な知識や技能を身につけ，学ぶのではなく，大人たちが同時に健康や防災について学び，新しい技術や視点を学んで自らが成長していかなければ社会全体の教育力も向上しない。大人たちの内的資産や外的資産も同時に豊かなものにしていくことが重要なのである。

本書では，日本の現状に応じた各発達段階における発達資産を明らかにし，そうした発達資産を形成していくためにどのような取り組みを行なうべきかを提案していく。とりわけ，20世紀後半に生涯学習という考え方が提唱されて以後，21世紀の世界は，知識を基盤とする知識社会に移行しつつあるといわれる。そうした知識社会では，生涯学習という視点がさらに重要になることはいうまでもない。この知識社会論で提唱される知識基盤とは，人間や組織が成長し発展するための資源となる知識や技術の社会的な蓄積を意味する。しかし，そうした知識基盤だけではなく，人が人間として成長し，家族や地域，職

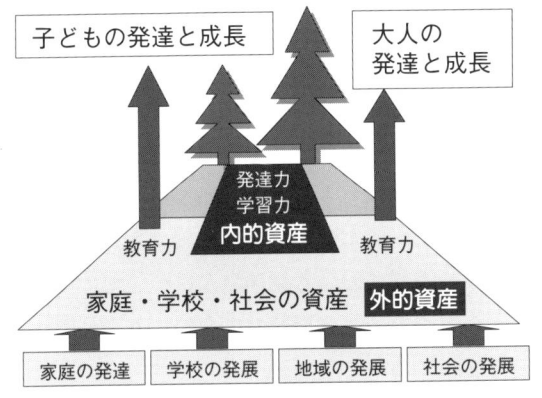

図　子どもと大人の発達と成長のために

場といった集団や社会が発達するためには，個人や社会を発達させるいっそう広い展望に立って多様な資産の形成が求められるのではなかろうか，というのが本書のユニークな視点である＊。

　さらに，2006（平成18）年の改正により，生涯学習の理念が教育基本法のなかに明確に位置づけられた。その理念では，「第三条　国民一人一人が，自己の人格を磨き，豊かな人生を送ることができるよう，その生涯にわたって，あらゆる機会に，あらゆる場所において学習することができ，その成果を適切に生かすことのできる社会の実現が図られなければならない」（新設）となっている。さらに，生涯学習の機会を提供するために，第十三条に，学校，家庭及び地域住民等の相互の連携協力が強調され，「学校，家庭及び地域住民その他の関係者は，教育におけるそれぞれの役割と責任を自覚するとともに，相互の連携及び協力に努めるものとする」という一文が加えられた。本書では，個人の人格をどう磨くかが内的資産として検討され，学校や家庭，地域住民による学習機会の提供が外的資産として検討されていくことになる。

　この理念を実現し，私たち一人ひとりが豊かな人生を送ることができるために，どのような学習の機会と内容，方法が必要かを読者のみなさんと一緒に考えていくことにしたい。

はじめに

〈本書の内容と構成〉

　本書の企画は，執筆者の1人，椎廣行氏が国立教育政策研究所社会教育実践研究センター長として勤務しておられた際に，アメリカの実践を知って，生涯学習政策研究部の立田に相談し，社会教育や生涯学習のプログラムの視点として具体化できないかというはたらきかけから始まった。椎氏の発想は，同センターのプロジェクトとして平成16～17年度に国立教育政策研究所において行なわれた「子どもの成長過程における発達資産についての調査研究」の成果となった。本書は，この視点を子どもだけではなく，さらに広範な年齢段階を対象に広げて考察したものである。

　本書は，それぞれ幼児期，児童期，青年期，成人期，高齢期の各年齢段階に対応した5つの部から構成される。第1章では，まず生涯学習とは何か，発達資産とは何かについて詳しく述べ，さらに各部において，それぞれの段階の内的資産および外的資産の内容を具体的に整理し，人生の各時期における個人の内面的な発達課題のみならず，その内面的な発達を支える社会的な環境のあり方についても検討を加えていく。最後に第12章では，発達資産論の有効性と課題についてまとめを行なう。

　各章では，内的資産と外的資産の両方の検討を通じて，生涯学習が，個人だけのものには終わらず，それを家族を含めた社会によって支えていくことの重要性が明らかにされていく。個人の教育や学習を支える家族や学校，そして地域や職場の教育の力が重要であること，同時に，そうした家族や学校，地域や職場で活動し，働く大人自身もまた学び成長していくことが重要である。このようにして，子どもや大人たちがそれぞれの発達の資産を形成していくと，それは「相互の学習資産」として共有できる。同時に，多くの人々の成長と発達を通じて新たにつくられた資産は，教育や学習の「次世代への資産」となって活用され，私たちが生きる社会の持続的な発展につながっていくことになるだろう。「世界遺産」だけを大切にするのではなく，「発達資産」の形成をそれぞれの家庭や学校，社会，そして私たち自身のために考え，実践していこうというのが本書の一番のねらいである。

　最後に，本書の社会的教育的意義をご理解くださり，遅筆な私たちを励ましながら刊行へと導いてくださった北大路書房の北川芳美さんに心より感謝の意

を捧げたい。

2007 年 4 月

岩槻知也

立田慶裕

* さらに詳しく発達資産について知りたい場合は，"Developmental Assets"の概念を提唱したサーチ・インスティチュートのホームページ（http://www.search-institute.org/），および国立教育政策研究所社会教育実践研究センター編『平成17年度 社会教育事業の開発・展開に関する調査研究事業 子どもの成長過程における発達資産についての調査研究報告書』（2006年）を参照のこと。また，同概念について解説した資料に，Richard M. Lerner & Peter L. Benson, Developmental Assets and Asset-Building Communities: Implications for Research, Policy, and Practice，（2003年，Plenum Pub Corp）などがある。

目次

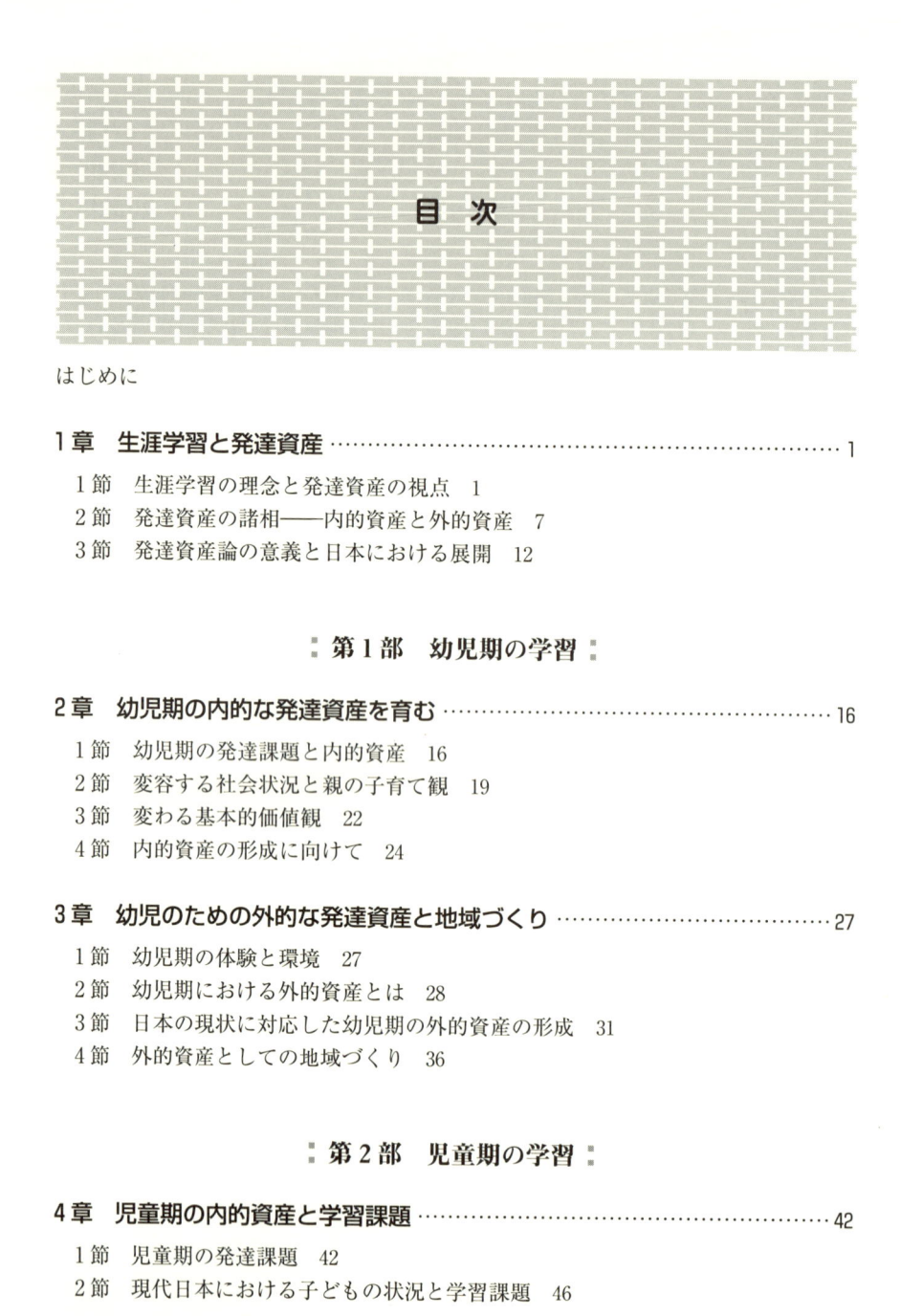

はじめに

1章　生涯学習と発達資産 …………………………………………………… 1
　1節　生涯学習の理念と発達資産の視点　1
　2節　発達資産の諸相――内的資産と外的資産　7
　3節　発達資産論の意義と日本における展開　12

▪ 第1部　幼児期の学習 ▪

2章　幼児期の内的な発達資産を育む ………………………………… 16
　1節　幼児期の発達課題と内的資産　16
　2節　変容する社会状況と親の子育て観　19
　3節　変わる基本的価値観　22
　4節　内的資産の形成に向けて　24

3章　幼児のための外的な発達資産と地域づくり ………………… 27
　1節　幼児期の体験と環境　27
　2節　幼児期における外的資産とは　28
　3節　日本の現状に対応した幼児期の外的資産の形成　31
　4節　外的資産としての地域づくり　36

▪ 第2部　児童期の学習 ▪

4章　児童期の内的資産と学習課題 …………………………………… 42
　1節　児童期の発達課題　42
　2節　現代日本における子どもの状況と学習課題　46

3節　児童期の発達を促進する内的資産　49
　4節　大人や社会の発達課題　54

5章　児童のための外的な発達資産と地域づくり……………………55
　1節　児童期と発達のための資産　55
　2節　現代社会の子どもたち　57
　3節　発達を阻害する課題と克服のための資産　60
　4節　子どもの発達資産と地域づくり　61
　5節　家庭・学校と発達資産　64

第3部　青年期の学習

6章　青年期の内的な発達資産と学習課題………………………………68
　1節　青年期の発達課題　68
　2節　青年期の内的な発達資産　71
　3節　ニート，ひきこもり問題と発達資産　73
　4節　青年期の発達資産と生涯学習　77

7章　青年の社会参加と外的な発達資産…………………………………80
　1節　青年の社会的自立のために　80
　2節　青年の現状　82
　3節　青年期の課題　86
　4節　青年期の外的発達資産の形成　88

第4部　成人期の学習

8章　成人期の内的な発達資産と学習課題………………………………94
　1節　成人期を取り巻く新たな状況　94
　2節　成人期の学習課題と内的な発達資産　95
　3節　成人期の発達資産を高める視点　100

9章　成人の社会参加と外的な発達資産…………………………………108
　1節　成人期の多様性　108
　2節　成人期の課題　108
　3節　成人期の外的発達資産　110

4節　発達資産の活用とその支援　118

第5部　高齢期の学習

10章　高齢期の内的な発達資産と学習課題……………………122
　1節　高齢社会と発達資産　122
　2節　高齢期の学習の現状と課題　124
　3節　高齢期の内的資産とその学習課題　128
　4節　高齢期の学習効果向上のための工夫　130

11章　高齢者の社会参加と外的な発達資産………………………135
　1節　高齢者の社会参加　135
　2節　福祉行政系列の社会参加の場　137
　3節　教育行政系列の社会参加の場　139
　4節　民間などにおける社会参加の場　142
　5節　発達資産としての高齢者の社会参加の問題　143

まとめ

12章　学習のための資産形成に向けて………………………………148
　1節　資源，資本と資産　148
　2節　共に生きることを学ぶ過程　150
　3節　資産の蓄積と共有化を図る　152
　4節　発達資産の課題と活用　159
　5節　発達資産の活用のために　162

　　　　　　　　　　　　　　■ 本文中★のついている用語は解説あり

用語解説　165
引用（参考）文献　179

1章 生涯学習と発達資産

1節　生涯学習の理念と発達資産の視点

　本書は，アメリカで生まれた「発達資産」というユニークな考え方に基づき，日本の生涯学習論の新たな視点による再構築を試みるものである。この試みを開始するにあたって，本章ではまず，生涯学習の理念やこれまでの日本における動向を整理し，いま，なぜ発達資産なのかを考えてみたい。

▶1　生涯学習論の系譜——ラングランの生涯教育論

　近年「生涯学習★」という言葉は，さまざまなメディアで頻繁に目にするようになり，ついには 2006（平成 18）年 12 月に改正された教育基本法の条文にまで盛り込まれることとなった。「人は生涯学び続ける」というようなことは，考えてみれば古今東西言われてきたことであり，改めて言うまでもないことである。にもかかわらず，なぜこの言葉がこれほどまでに取り上げられるようになったのだろうか。

　事の発端は，1965（昭和 40）年，パリで開かれたユネスコの成人教育推進国際委員会に提出された「生涯教育について」と題する一編の論文であった。この論文において，著者のラングラン（Lengrand, P.；当時のユネスコ・成人教育課長）は，「生涯教育★」理念の要点を以下のように述べている。

　　すなわち，教育は，人間存在のあらゆる部門において行われるものであり，人格発展のあらゆる流れのあいだ——つまり人生——を通じて行われなくてはならない。こうして教育諸部門のあいだには活発にして，能動的な交流が行われるべきものである。今日以後，教育諸部門は相互に他に依存し，

他を予想せずにはナンセンスであるところの，首尾一貫した統一構造のものと考えられるべきである。教育全体の一部が欠けていれば，あとの部門がいかに強力でもバランスを失したものになり，その部門がまさに当然提供すべき教育サービスを行うことができない。このような教育体制のもとにおいてもっとも必要になるのは，諸部門の間の「調和」の試みである。（ラングラン，1979）

　このラングランのいう「教育諸部門」とは，たとえば「家庭教育部門・学校教育部門・社会教育★部門」「青少年教育部門・成人教育部門」「一般教育部門・職業教育部門」といった形で分類される教育の諸領域をさしている。彼によれば，人間の一生を通じて行なわれる生涯教育のシステムを構築するためには，これら諸領域の活動の「調和」を図ること，すなわちそれぞれの活動を領域内で個別に行なうだけではなく，領域間の連携や協力を強化しながら統一的なシステムを形成することが重要だというのである。本論が提出された1960年代は，世界的にみても社会が大きく発展していた時期であり，その社会発展の基盤としての教育，とくに学校教育の整備が重視されていた。とりわけ「先進国」といわれる地域では，実際に学校教育が急速な量的拡大を遂げ，教育といえば学校教育のことが思い浮かぶというほどに影響力をもつようになった。ラングランは，このような学校教育偏重の教育や教育観に危機感を抱き，学校以外のさまざまな場で展開されている多様な教育活動の重要性を改めて指摘するとともに，それら教育活動と学校教育の連携・協力を進めることによって，人間の生涯発達を支える統一的で総合的な教育システムを構築すべきだと主張したのである。

　この国際会議を契機として，ラングランが提起した「生涯教育」の理念は，その後ユネスコやOECDなどの国際協力機関だけでなく，発展段階の大きく異なる国々においても，教育改革論議の鍵概念として重要な役割を果たすことになる（新井，1979）。

▶2　日本における生涯教育論の導入

　以上のような流れのなかで，日本においても，この「生涯教育」の理念がい

ち早く取り入れられていく。ラングランの論文が提出された先の国際会議に日本代表として出席していた心理学者・波多野完治による精力的な紹介・普及活動を契機として，この理念は教育界だけでなく政財界の関心をもひきつけていった。そして 1971（昭和 45）年の文部省・社会教育審議会答申を皮切りに，1981（昭和 56）年の同省・中央教育審議会答申，および 1985〜1987 年の臨時教育審議会答申において，教育政策の基軸にかかわる重要な理念として位置づけられるにいたる（文部省社会教育審議会，1971；文部省中央教育審議会，1981；臨時教育審議会，1985〜1987）。

　とりわけ「生涯教育について」と題された 1981 年の中教審答申では，教育サービスを提供する行政の立場から使用される「生涯教育」という語に対して，学習する主体としての国民の立場を重視する「生涯学習」という語の使用がうながされ，1985〜1987 年の臨時教育審議会答申においては「生涯学習体系への移行」が教育政策の方向性を示すキャッチフレーズとなる。周知のとおり，この臨時教育審議会は，当時「戦後政治の総決算」をスローガンに掲げて行政改革を推進した中曽根康弘首相直属の審議会であり，その答申内容の多くが後の教育政策・行政に大きな影響を与えることとなった。実際，最終答申が出された直後の 1988（昭和 63）年には，文部省の筆頭部局として「生涯学習局」が，また通産省に「生涯学習振興室」が設置され，国レベルの生涯学習推進体制が整備されていく。さらに 1990（平成 2）年には，「生涯学習の振興のための施策の推進体制等の整備に関する法律」（略称：生涯学習振興法）が制定され，都道府県レベルの生涯学習推進体制の整備が矢継ぎ早に進められていった。そしてこのような流れのなかで，市町村レベルの地方自治体においても，「生涯学習」を看板に掲げる部署が次々と新設されていくのである。

　以上のように，日本では 1970 年代以降，国の主導によって「生涯教育」の理念がいち早く教育政策に導入され，その推進体制が急速に整備されていくが，この体制は必ずしもラングランが主張したような教育諸部門の連携・協力をうながすものとはならなかった。というのも，地方自治体の教育委員会における「生涯学習課」や「生涯学習推進課」の多くは，学校外教育を主たる担当領域とする従来の「社会教育課」の名称を変更しただけのものであり，その実質的な機能に大きな変化はなかったからである（佐藤，1999：図 1-1）。そし

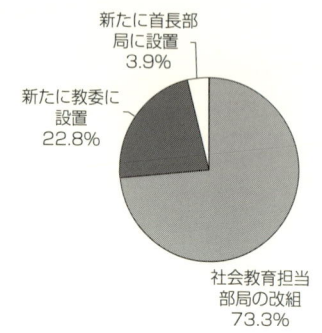

図1-1 市町村における生涯学習主管組織の設置形態（1999年4月現在）（佐藤, 1999）

(注) 1999年4月現在の全国の市町村における生涯学習主管組織の新設数は合計で742（設置率23.0％）。

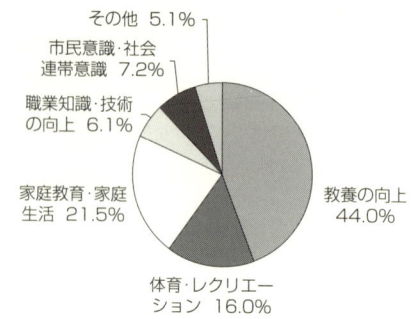

図1-2 教育委員会が主催する学級・講座の学習内容別構成比（2005年度）（文部科学省, 2005）

(注) 2005年度に教育委員会が主催した学級・講座の総数は164,632件。

てこれらの部署において「生涯学習」という名のもとに実施される事業の多くは，社会教育の領域における趣味や教養，スポーツなどの内容を中心とする成人の個人学習の支援に特化されていく（文部科学省, 2005：図1-2）。

▶3　草の根レベルの「連携」の動き

　このような行政施策の動向の一方で，草の根レベルでは，さまざまな「連携」の動きが各地で生じてきていた。たとえば，1980年代あたりから1つの社会問題として取り上げられはじめていた「育児不安」の問題を解消するために，全国各地で民間の育児サークルが数多く誕生している。核家族化に象徴されるような世帯規模の縮小にともなう家庭の機能の急激な低下が，この「育児不安」を引き起こす大きな原因の1つとなった。つまり，さまざまな困難をともなう育児の営みが，乳幼児をもつ若い母親1人に集中するという事態が生じたのである。そこで，このような単独の家庭のみでは解決しえない事態を，同じ悩みを抱えながら同じ地域で暮らす親どうしのつながりで解決しようと結成されたのが育児サークルであった。このサークル活動のなかでは，親どうしが交流することを通して，親としての役割や大人どうしの人間関係のあり方を学んだり，お互いの子どもの成長を見守るといったことが実践されている（梅原

ら，1998)。

またこのような地域における親どうしの関係づくりを，保育所や幼稚園などの幼児保育・教育機関が担っているという事例もある。日常的に自分の子どもを預けている親にとって，保育所や幼稚園はきわめて身近な場所である。そのような身近な場所で，同じ子どもにかかわる親と保育士や幼稚園教諭が，また親どうしが繰り返し交流し，人間関係を紡いでいくことによって，大人自身のさまざまな学びが生まれている。そしてこのような大人どうしの人間関係が，子どもにとってみれば，親以外の多様な大人との関係を体験できる貴重な環境となっているのである（岩槻・小野田，2000)。

さらに学校，とくに小学校や中学校が近隣地域に開放され，地域住民の拠り所となっている事例もある。先の幼稚園や保育所と同様に，小学校や中学校もまた，地域住民にとってはきわめて身近な場所である。徒歩で行ける範囲にあるというのはもちろんのこと，自分の子どもを通わせている場合もあれば，かつて自分自身が通っていたという場合もある。このように，学校がいろいろな仕事をもつ多様な年齢層の地域住民のさまざまな交流・学習活動に利用されることによって，住民どうしの新しい出会いや人間関係が生まれると同時に，これら多様な地域住民の力が，逆に学校教育の資源として重要な役割を果たしていく。それぞれの特技を生かして授業を担当したり，学校の花壇を整備したり，また登下校時の安全を見守るパトロール隊を組織するなど，学校教員との連携のもとに，学校をサポートするさまざまな活動を行なっている。そしてこのような活動のなかで，学校の児童・生徒が多様な近隣地域の大人との新たな出会いを経験していくのである（大阪府社会教育委員会議，2003)。

以上のような草の根レベルの事例では，冒頭に述べたラングランのいう「調和」，すなわち子育てや子どもの教育にかかわる家庭や学校，近隣地域相互の連携・協力が実現している。このような事例を概観すると，教育に関わる地域社会全体の連携・協力関係が，子育てや子どもの教育をより豊かにするだけでなく，大人どうしの新たな出会いや人間関係をつくりだし，大人自身の学習をもより豊かなものにしていることがわかる。近年は行政施策においても，この地域社会全体の連携・協力関係の重要性が認識され，全国各地で生涯学習や社会教育の担当部局が中心となって，このような草の根の活動を支援したり，新

たな活動のきっかけづくりに取り組み始めている（ちなみに2004年1月には，文部科学省・生涯学習政策局内にも「地域づくり支援室」が設置されている）。

▶4　いま，なぜ「発達資産」なのか

　本書の「発達資産★（developmental assets）」という概念は，アメリカにおいて青少年のよりよい発達をうながすべく，さまざまな活動を地域レベルで展開しているNPO，「サーチ・インスティチュート（Search Institute）」のプログラムで用いられているものである。このサーチ・インスティチュートは，1958年より活動を開始し，2001年現在，30を超える州の都市部や郊外，農村部の約700の地域において，発達資産の概念に基づくプログラムを実施するとともに，その活動に即した実証的研究（アクションリサーチ）をも行なっている（Benson, 2003）。

　このサーチ・インスティチュートが主たる対象を青少年としたことからもわかるように，発達資産はまず青少年の発達にかかわる概念として提起された。1990年に初めてこの概念を提唱したサーチ・インスティチュートのベンソン（Benson, P.）は，その内容を「青少年の教育や健康面でのよりよい発達をうながす環境的，および内面的な諸力（strengths）」としている。

　「環境的諸力」とは，具体的には青少年の発達に影響を及ぼす家庭・学校・近隣地域などの場やそれぞれの場を構成する人（家族，学校教員，仲間，近隣地域の大人）などの外的な環境をさしている。また，「内面的諸力」とは，青少年の心理的な発達を構成する学習のあり方や倫理観，社会的能力や肯定的なアイデンティティなどの内面的要素をさしている。発達資産論においては，前者の環境的諸力を「外的資産（external assets）」，後者の内面的諸力を「内的資産（internal assets）」とよび，それぞれの資産を構成する具体的な要素を20項目ずつ列挙している（その内容は次節で詳説する）。そして青少年のよりよい発達は，青少年自身にこれらの発達資産がより多く蓄積されることによって実現するとされている。

　同時に発達資産論は，人間の発達に加えて「コミュニティ」の発達をも重視している。「コミュニティ」という語はきわめて多義的であるが，ここでは「地理的定義（geographic definition）」に依拠している。いわば「地縁的なコ

ミュニティ」，すなわち近隣の小規模な地域社会の発達をも射程に含めているのである。つまり，青少年のよりよい発達をうながすために，「発達資産を豊かに蓄積した地域社会（asset-building community）」の形成をめざすということである（Benson, 2003）。

　以上のような発達資産論の視点は，教育に関わる地域社会全体の連携・協力関係を重視する先の生涯学習論の視点にきわめて類似しているといえる。とくに「発達資産を豊かに蓄積した地域社会」の形成をめざす取り組みは，前項で取り上げた草の根レベルの動きにみられた「地域づくり★」や「まちづくり★」の取り組みに一致するといってもよい。したがってこのような観点から考えるならば，発達資産論が提起している問題は，これからの日本の生涯学習論を考えるうえでも必要不可欠なものとなるであろう。とりわけ日本の生涯学習論においてはいまだ十分に検討されていない「内的資産」や「外的資産」の具体的な内容を，日本の現実に即して再検討していくことが求められる（国立教育政策研究所, 2006）。また，アメリカにおける発達資産論の対象は乳幼児や青少年に限られていることから，さらに成人や高齢者を対象とする発達資産研究も進められねばならないだろう。

2節　発達資産の諸相——内的資産と外的資産

　本節では，本書全体が依拠する発達資産論のより具体的な内容を概観しておきたい。アメリカの発達資産論では，乳幼児と青少年に関する詳細なプログラムが開発されているが，ここではとくに青少年期の発達資産を例にとって説明しよう（Benson, 2003）。

　すでに述べたように，青少年期の発達資産の内容は，まず「内的資産」および「外的資産」の2つに類型化されている。前者の内的資産とは，青少年の心理的な発達を構成する要素，すなわち青少年の内面に何を育むかという問題を，また後者の「外的資産」は，青少年の発達を支える社会的環境，すなわち青少年の発達を何（もしくはだれ）が支えるかという問題について具体的に提示している。以下，それぞれの内容をさらに詳しくみていこう。

▶1 「内的資産」の諸相——青少年の心理的な発達を構成する要素

　青少年の内面に何を育むかということは、きわめて繊細かつ微妙な問題であるため、けっして「これを身につけなければならない」式の一面的・強制的なものであってはならないだろう。そのことをふまえたうえで、さまざまな社会的環境（外的資産）との相互作用を通して、自然な形で身につけていくことが望ましい価値観や態度、能力などの多様な側面を示したのが、以下に述べる内的資産の20項目である。この内的資産の20項目は、大きく分けて①学習への参加（commitment to learning）、②肯定的な価値観（positive values）、③社会的な能力（social competencies）、④肯定的なアイデンティティ（positive identity）の4つのカテゴリーに分類されている。以下、それぞれのカテゴリーごとにその具体的な内容を検討してみよう。

(1)　学習への参加

　このカテゴリーには、「学業へのやる気（achievement motivation）」「学校への参加（school engagement）」「家庭での学習（homework）」「学校との結びつき（bonding to school）」「楽しみのための読書（reading for pleasure）」の5項目が含まれている。これらの項目は具体的には、学校での学習にやる気がある、学校での学習に積極的に参加する、家庭で毎日少なくとも1時間は学習する、学校に関心がある、週に3時間以上は楽しく読書をする、といった内容である。ここでは主に学校の学習との関係が取り上げられているが、「読書を楽しむ」というような学校と直接に関わらない学習も含まれている。

(2)　肯定的な価値観

　ここでは「思いやり（caring）」「平等と社会的正義（equality and social justice）」「高潔さ（integrity）」「正直（honesty）」「責任感（responsibility）」「自制心（restraint）」の6項目があげられている。これらは具体的には、他者の援助に高い価値を置く、平等の促進や飢え・貧困の撲滅に高い価値を置く、信念に基づいて行動し信念を守る、困難なときにも真実を言う、個人の責任を自覚し全うする、性的行為の乱れやアルコール・ドラッグの使用を固く拒否する、といった内容である。いずれの項目も、重要な価値観や態度、倫理観、道徳の内容を指し示している。

(3) 社会的な能力（コンピテンシー）

このカテゴリーには「計画力と決断力（planning and decision making）」「対人関係の構築能力（interpersonal competence）」「文化的能力（cultural competence）」「抵抗する技術（resistance skills）」「争いの平和的な解決力（peaceful conflict resolution）」の5項目が含まれている。具体的には，計画や選択の仕方を知っている，共感力・感受性・友人をつくる技能をもつ，異なる文化的・人種的・民族的背景をもつ人々を理解し受け入れる，好ましくない仲間からのプレッシャーや危険な状況に抵抗できる，争いを非暴力的に解決できる，といった内容である。青少年の社会的な能力の減退が叫ばれる近年の日本においても，これらの項目は重要である。とくに日本ではあまり取り上げられていないが，青少年犯罪や「いじめ」などの事態に対処するためにも，「抵抗する技術」や抵抗力を身につけることは，今後きわめて重要になってくるであろう。また現在の日本において，これらの社会的な能力を身につけることは，青少年期のみならず成人期の大きな課題ともなってきている。

(4) 肯定的なアイデンティティ

ここでは「自己統制力（personal power）」「自尊心（self-esteem）」「目的の感覚（sense of purpose）」「自己の将来に関する展望（positive view of personal future）」の4項目があげられている。これらは具体的には，身の回りで起こることを自分で制御できる，高い自尊心をもつ，自分の人生には目的があると感じる，自分の将来を楽観視できる，といった内容である。この点については，各種の国際比較調査があるが，日本の青少年の自尊心の低さや人生の目的感覚の希薄さ，また将来に対する展望のなさは，その文化差を考慮しても他国に比して際立っており（ベネッセ教育研究所，1997：図1-3），その原因の究明と打開策が求められている。

▶ 2 「外的資産」の諸相——青少年の発達を支える社会的環境

青少年の発達を支える社会的な環境もまた，場所や人などの比較的目に見えやすいものから，規範や期待，時間の使い方などの見えにくいものまで，きわめて多様な内容を含んでいる。先に述べた青少年の内的資産は，このような多様な外的資産によって大きな影響を受けながら形成されていく。この外的資産

1章 生涯学習と発達資産

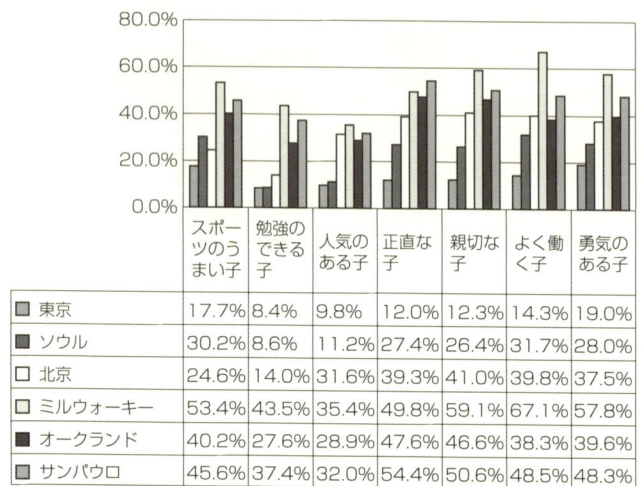

図1-3 子どもの自己評価に関する国際比較（1995年）（ベネッセ教育研究所, 1997）
（注）数値は「とてもあてはまる」と回答した子どもの割合。対象は11歳の子ども計4,623人（東京1,969人，ソウル747人，北京751人，ミルウォーキー403人，オークランド349人，サンパウロ404人）。

もまた20項目で構成されており，①支援（support），②エンパワーメント（empowerment），③規範と期待（boundaries and expectations），④時間の建設的な使用（constructive use of time）の4つの大きなカテゴリーに分類されている。以下，それぞれのカテゴリーごとにその具体的な内容を検討してみよう。

(1) 支援（サポート）

このカテゴリーには「家族の支援（family support）」「肯定的な家族のコミュニケーション（positive family communication）」「親以外の大人との関係（other adult relationships）」「思いやりのある近隣地域（caring neighborhood）」「思いやりのある学校の雰囲気（caring school climate）」「親の学校への関わり（parent involvement in schooling）」の6項目が含まれている。具体的には，家族が大きな愛と支援を与える，親子が積極的にコミュニケーションをとり子どもが親に助言や忠告を求める，3人以上の親以外の大人から支援を受ける，思いやりのある近隣地域で過ごす，学校は思いやりがあり青少年を勇

気づける環境を提供する，親は子どもが学校で成功するよう積極的に支援する，といった内容である。青少年は，さまざまな人や集団から心のこもった支援を受けることによって好ましい発達を遂げる。「3 人以上の親以外の大人」とは具体的な指摘だが，青少年が親子関係や教師―生徒関係に息苦しさを感じたとき，その閉塞した関係に風穴をあけるという意味でも重要であろう。

(2) エンパワーメント

　ここでは「地域社会が青少年を評価する（community values youth）」「資源としての若者（youth as resources）」「他者への奉仕（service to others）」「安全（safety）」の 4 項目があげられている。具体的には，青少年自身が地域の大人に評価されていると感じる，青少年が地域で有意義な役割を与えられている，青少年は週に 1 時間以上地域に奉仕する，青少年が家庭・学校・近隣にいて安全だと感じる，といった内容である。「エンパワーメント」の語義は，「権限を付与すること」である。つまり，地域の大人が青少年の価値を認め，彼・彼女らに地域の一員としての役割を付与することによって，青少年自身の好ましい発達がうながされるのである。

(3) 規範と期待

　このカテゴリーには「家族の規範（family boundaries）」「学校の規範（school boundaries）」「近隣地域の規範（neighborhood boundaries）」「大人の役割モデル（adult role model）」「肯定的な仲間の影響（positive peer influence）」「高い期待（high expectations）」の 6 項目が含まれている。具体的には，家族が明確なルールや原則をもち子どもの居所を見守る，学校は明確なルールや原則をもつ，近隣住民は責任をもって青少年の行動を見守る，親や他の大人が好ましく責任ある行動のモデルとなる，親友が好ましく責任のある行動のモデルとなる，親や教員は子どもがうまくやっていけるよう励ます，といった内容である。家族や学校がルールと大切にすべき行動や役割を明確に示して子どもを見守るのはもちろんのこと，近隣の住民もまた別の角度から子どもたちを温かい目で見守ってやる必要があるということだろう。

(4) 時間の建設的な使用

　ここには「創造的な活動（creative activities）」「青少年のためのプログラム（youth programs）」「宗教的な活動（religious community）」「家庭での時間

(time at home)」の4項目が含まれている。具体的には，週に3時間以上を音楽や演劇その他の芸術活動に費やす，週に3時間以上をスポーツやクラブ活動・学校や地域組織の活動に費やす，週に1時間以上を宗教団体の活動に費やす，友人と夜に「とくに何をすることもなく」外出するのは2日以内にとどめる，といった内容である。このカテゴリーの名称を一見したところ，「建設的な」という形容詞の意味がとらえにくいが，第4の項目「家庭での時間」の内容をみれば，建設的でない時間の過ごし方が判然とする。とくに目的もなく友人と外出する夜を極力減らして，家族と過ごす時間を大切にしようということである。また，それぞれの活動に費やす時間数の目安が示されているのもユニークである。

3節　発達資産論の意義と日本における展開

以上のような発達資産論の意義は，青少年の発達過程において重視すべき個人の内面的資質だけでなく，その資質を育む家庭や学校，地域社会などの役割を，個人や地域社会が蓄積すべき「資産」ととらえて具体的に項目化し，その内容をきわめて明確に指し示した点にあるといえる。全米各地でプログラム化され，実践を通してその内容が検証されているがゆえに，これらの項目には説得力もある。またこれら40項目は，1990年以来，全米約2,000の地域の第6〜12学年の生徒に対する質問紙調査により，その妥当性が評価されてきている（ちなみに1996〜97年には，213地域の99,462名を対象とした調査が実施されているという）(Benson, 2003)。

もちろん，このような発達資産論にも批判がないわけではない。40の項目が統一的に決定づけられることによって，ある地域にとっては重要であるはずの問題がその決定から漏れ落ち，逆に潜在化して見過ごされてしまうといった危険性を指摘するものや，資産として価値をもつものは絶えず生成し変化していくという考え方から，資産の固定的な定義を疑問視する意見もある（Chan et al., 2003）。

そこで以下の各章では，これらの批判点をも念頭に置きながら，日本の現状に即した発達資産論の展開を試みることによって，生涯学習論を考えるための

新たな視点の提供をめざす。具体的には，乳幼児期や青少年期，成人期や高齢期における内的資産・外的資産の現状を検討することによって，人生の各時期における個人の内面的な発達課題のみならず，その内面的な発達を支える社会的な環境のあり方についても考察を加えていく。

推薦図書
- 『現代のエスプリ No.146 ラーニング・ソサエティ』 新井郁男（解説・編集） 至文堂 1979年
- 『まちづくりの発想』『まちづくりの実践』 田村 明 岩波新書 1987・1999年
- 『ソーシャル・キャピタル』 宮川公男・大守 隆（編） 東洋経済新報社 2004年
- 『子どもの成長過程における発達資産についての調査研究報告書』 国立教育政策研究所社会教育実践研究センター 2006年
- 『現代のエスプリ No.466 生涯学習社会の諸相』 赤尾勝己（編） 至文堂 2006年

第1部

幼児期の学習

2章 幼児期の内的な発達資産を育む

1節　幼児期の発達課題と内的資産

　子どもは神からの授かりものとして捉えられていた時代とは異なり，現代は，出産も個人的に選択，コントロールできる時代である。新しい生命をどのように育んでいくのか，すべては親の価値観，生活スタイルにより取捨選択がなされる。子どもの誕生を無条件に喜び，家族で祝うことをいとわない社会的慣習は，昔も今も基本的には変わらない。しかし，昨今の子どもをめぐる痛ましい事件が物語っているように，本来，子どもを育てる際に重視されてきた課題が，日々，見落とされてきているのではないだろうか。

　幼児期は人間の発達過程のなかで社会化の基盤形成がなされる最も大切，かつ，貴重な時期である。自分を取り巻く家族を中心に，あらゆる物事に興味，関心を抱く時期でもある。これまで幼児期に不可欠であるとされてきた課題が，今日ではどのように変化してきているのだろうか，また，何が新たな問題となっているのだろうか。本章では，幼児期における発達課題を本書のキーワードである「発達資産」という観点から問い直し，幼児期に不可欠な内的資産形成のメカニズムを客観的に見つめ直すことを試みたい。

　NPO機関サーチ・インスティチュートの「発達資産」概念では，発達資産を外的資産，内的資産に区別して，子どもの成長過程に必要な親の役割課題を項目ごとに提示している。表2-1は，そのうち幼児期の内的資産の形成に向けた親の役割に関する20項目を示したものである。

　本章ではまず，第1に，人生各期における発達課題のモデルを示したハヴィガースト理論をもとに，幼児期の課題を検討する。第2に，今日の育児に対する親の価値観の変容に注目し，これまで重視されてきた課題との相違を確認す

2章　幼児期の内的な発達資産を育む

表2-1　幼児期の内的資産形成に向けた親の役割項目

カテゴリー	項　目	具体的内容
肯定的な価値観	思いやり	親が率先して思いやりある行動を実行し，子どものそうした行動をほめる。
	社会的正義感	ごみ拾いなど家族ぐるみで人のために役立つ行動をする。
	誠実さ	家族で決めた約束事を守るなど，親自らが率先して誠実な行動をする。
	責任感	家の手伝いをさせたり，約束や目標を設定して実行させ，成し遂げたらほめる。
	健全な日常生活	睡眠や食事の重要性，性の問題について共に話し合い，正しい知識を学ばせる。
	所属感	地域に親子で出かけ，さまざまな生活文化にふれる。
肯定的なアイデンティティ	自己統制力	我慢することの大切さを折にふれて教えたり，我慢する機会を与える。
	自尊心	子どもの個性や特性を認め，よいところやよい行動をほめる。
	人生の目的	子どもの成長を祝ったり，親自身の子どもの頃の話をしたりする。
	将来への希望	親自身の経験を語るとともに，自ら計画し，判断し，行動できる機会を与える。
社会的能力	計画性と決断力	親が手本として計画性をもった判断を示す。
	コミュニケーション能力	親子の会話を通じて，言語力を育み，多くの人と交流する機会を与える。
	抵抗力	問題・課題に失敗しても，失敗から学び再挑戦できるという励ましをする。
	争いの平和的な解決力	国際紛争から日常的な争いまでを含め，人が合意や交渉により解決する知恵を与える。
	人権の理解	日常的な約束を守ることから，権利と義務の大切さやその表現法を教える。
	自己情報を管理する力	パソコン・携帯電話の使い方について話し合い，個人情報の重要性を教える。
学習への参加	達成への動機づけ	自ら目標を設定させ，最後まで達成する習慣をつけ，達成の成果をほめる。
	学びへの意欲	いろいろなことへの子どもの問いや関心を育て自ら調べることを助ける。
	宿題や課題への挑戦	宿題を通じて学んだ知識を蓄え，課題の解決を通して応用の力を身につけさせる。
	読書の喜び	幼児の時から読み聞かせを行ない，読んだ本について話し合う時間をつくる。

る。第3に,未就学の子どもをめぐる社会の諸相を取り上げ,幼児期に求められる親の役割について検討する。最後に,幼児期に形成される基本的生活習慣を含めた態度,価値観などの「内的資産」を育む手がかりをまとめとして提示する。

表2-1をみると,子どもの成長過程において親が取り組むべき項目は,それぞれが密接に絡み合っており,一連のつながりのなかで構築されていくような課題となっている。人間には人生各期における発達課題があり,おのおのの成長段階に応じた学習が存在している。幼児期におけるいくつかの発達課題としては,ハヴィガーストの理論モデルが有名である。そこでは,次のような項目が提示されている(ハヴィガースト,1995)。

① 歩行の学習
② 固形の食物をとることの学習
③ 話すことの学習
④ 排泄の仕方を学ぶこと
⑤ 両性の性の違いについて学ぶこと
⑥ 生理的安定を得ること
⑦ 社会や事物における単純な概念を形成すること
⑧ 両親や兄弟姉妹や他人と情緒的に結びつくこと
⑨ 善悪を区別することの学習と良心を発達させること

幼児期の発達課題の特色は,「本来,生物・社会学的であるということ」と分析されている。つまり,身体の連続的成熟に基づく部分と,社会的環境に依存している部分の2つの側面をもっているということである。

また,幼児期の発達課題がどのように生じてくるのか,また,それらが後の子どもの生活にどのような影響を与えるのかについて,次の3点が提示されている(ハヴィガースト,1995)。

① 信頼についての基本的態度の学習:幼児が愛情深い信頼すべき人をもつことが重要であり,それは母親に重点が置かれている。

② 自立感を学ぶこと：排泄の仕方を学ぶことを中心に，他人の手を借りないで，自立的に行動することを学習する。
③ 自発性の学習と良心の発達：自発性（新しいことに興味を抱いたり，疑問を持ち始める）の学習と両親や家族の行動様式をもとに善悪を判断する基準が確立しはじめ，良心が育まれていく。

これらが示すように，幼児を取り巻く人間関係のなかでも，とりわけ母親の存在が強調されている。幼児にとって母親（あるいは，母親に代わる人）は最も力になる立場にあり，愛情深い信頼できる存在として映っているからである。また，幼児が自立感や自発性を体得していくプロセスにおいて，家族を構成するメンバー，とりわけ両親の人柄や生活態度は大きな影響力をもっている。

筆者は，これらの項目に加え，幼児期には，父親を含めた家族との信頼や愛情★から得られる安心感の重要性もつけ加えておきたい。幼児の日常生活は，母親を中心にした家族との強い信頼，愛情により成立しており，この関係が安定しているかどうかが，その後の児童期に移行していく過程において，心身のバランス形成を左右するものとされている。信頼関係は深い愛情を中心に語られるが，安定した両親の関係や家族との絆から得られる安心感は自分の居場所を確認し，心身の発達に欠かせない安全性の確保にもつながることも確認しておきたい。

2節　変容する社会状況と親の子育て観

前節のハヴィガーストの理論モデルでは，幼児期における母親の存在は，何よりも子どもの心身のバランスを整える安定剤のようなものであると考えられる。筆者は，乳幼児期における母親の存在の重要性を否定しないが，今日の育児に向き合う母親世代の生活スタイル，行動様式，価値観などの変化にも着目する必要があると考える。

厚生労働省が実施した「二十一世紀出生児縦断調査」注1による調査結果によれば，母親の46％が仕事（常勤，または非常勤）に就いており，また，4歳

第1部　幼児期の学習

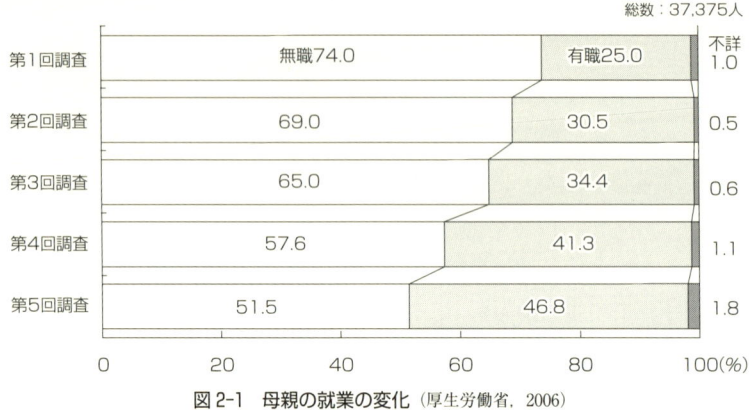

図2-1　母親の就業の変化（厚生労働省，2006）

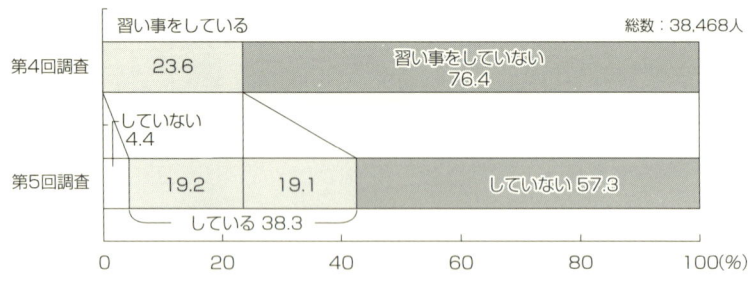

図2-2　4歳以下で習い事をしている子どもの割合の変化（厚生労働省，2006）

半の子どもの4割が習い事をしているという（図2-1，2-2）。未就学の子どもを抱え，有職の状態にある母親の割合は，子どもが0歳から4歳へと成長していくに従い，比例する形で増えてきている。5年間にわたる調査結果からは，子どもを出産した女性が，育児に専念することを無条件に選択してきた（させられてきた）社会情勢ではもはやなくなりつつあることが読み取れる。

　また，幼児教育の状況をみると，小学校に入学する前に，水泳，体操，英語といった体力，知力の育成に早期から取り組むことの必要性を感じている人々も増えていることを示している注2。

　さらに，1990年代以降の急激な産業構造，労働市場の変化にともない，女性を取り巻く社会経済情勢が大きく変化した。その結果，育児のかたわら自宅で働くことも可能な社会となり，個人的な価値観の変化に加えて，女性のライ

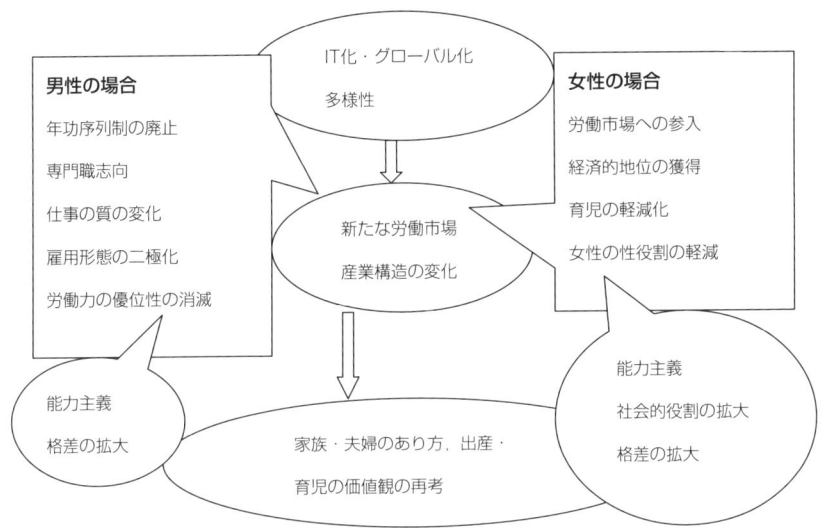

図2-3　男女の社会的役割の状況（柏木，2003より作成）

フスタイルを支える社会背景も変化している。社会のIT化や科学技術の進歩にともない，家事，育児にともなう労力は，以前に比べ軽減された。また，女性の社会進出が拡大し，育児のかたわら，労働市場に参入することが可能となった。その結果，母親業に専念することが求められた主婦への役割期待が減少し，家事，育児に専念していた時代から個人としての生活面，精神面の充足を尊ぶライフコースを選択する人が増えている。そして，このことは，男性の生活面，心理面にも影響を与え，男女の性役割の境界線があいまいになり，仕事や生活の質の変化が指摘されている。男女の生活面，心理面での変化から，家族や夫婦のあり方の再考など，これまで自明のごとく語られてきた性別に基づく役割分担が疑問視されている（図2-3参照）。

育児のスタイルも紙おむつやインスタント食品などの利便性を備えた商品があふれ，従来に比して，育児に関わる労力は軽減されてきている。人々を取り巻く社会状況が変わるなかで，子どもをめぐる教育観も変化してきている。たとえば発達心理学者の柏木（2003）によれば，「親子は一心同体である」と自明のごとく考えられてきた時代は過去のものとなったという。子どもをもつ意

味が，母親たちの現在置かれている状況を反映しているのか，「子どもにとっての親」から「親にとっての子ども」へと，教育観が変化していることを柏木は指摘している。

確かに，家庭教育の各種調査結果をみると，乳幼児期の発達課題である基本的な生活習慣は，各家庭内で行なわれるインフォーマルな教育★を通して，就学前の子どもに教えておくべきだという意見は現在でも根強い。ところが，家庭ごとに教育観，生活観が異なるように，必ずしもすべての子どもが世間常識とされる「しつけ」を受けて就学しているわけではない。それどころか，今日では，家庭内で行なわれるはずのインフォーマルな教育すら，根底から問われなければならない状況が指摘されてきている。その状況を次節では，このような状況についてさらに詳しく見ていくことにしよう。

3節　変わる基本的価値観

「しつけ（躾）」とは，文字通り，身体を美しく保つ意味を含んでおり，挨拶や礼儀，食事の作法などに代表されるような，基本的生活習慣を習得する幼児期に行なう教育の1つである。それは各家庭の教育方針に大きく委ねられている。そのため，昨今の幼稚園，小学校の入試では，表2-2のような社会的モラルや規則に関する理解力を確認する質問が出題されることも多い。

これらの質問項目にみられる要点は，すべて，「他人に迷惑をかけない」「悪いことをしたら謝ること」という公共の場での善悪，判断能力，行動様式を問うている。公共の場で守るべき規律，行動様式を，幼児期に獲得しておくこと

表2-2　社会的モラルについての質問例（日本学習図書，2005より作成）

- 雨の日に傘をもって歩く時に注意することは何ですか。
- お友だちとボール遊びをしていて，お友だちの洋服を汚してしまいました。（汚れたシャツを見せられ）あなたなら，どうしますか。
- この絵（公園で子どもが遊んでいる絵）の中で，いけないことをしている子に×をつけなさい。（花壇の花を引き抜いたり，ごみを散らかしている子にマークさせる）
- 電車の中で気をつけなければならないことは何ですか。（口頭試問および絵をみせて問題点を指摘させる）

が望ましいということである。しかし，幼い子どものみならず，若者や成人にいたるまで，公共の場での公私をわきまえない態度や行動は，今ではめずらしい光景ではなくなってきている。昨今の二十歳を祝う成人式での騒動にみられるように，フォーマルな場でのふるまい方を考えない若者の姿がめだっている。

家庭内で行なわれていたインフォーマルな教育を立て直すために，東京都品川区の教育委員会は，小中一貫教育用の独自の教科として「市民科」を設け，1，2年生は挨拶，3，4年生では個性や思いやりを学ばせている。それは，家庭内の教育が機能不全になっていることから，学校が社会生活を送るうえでの規範意識を中心にした教科に力を注がなければならない事態にあることを示している（日本経済新聞，2006年12月6日付朝刊）。新聞紙上では昨今の諸相として，家庭での教育が崩壊していることに加え，親のモラル教育が必要であることを「学びの劣化」として強調している（日本経済新聞，2006年12月16日付朝刊）。

モラル★とは，道徳や倫理感などの社会生活を送るうえでの精神的態度をさす。それでは，モラルの不在はどのような事態を招くことになるのだろうか。乳幼児期から小学校の学童期は，生活面でのしつけや価値形成，学校の選択，習い事など，すべて親が先導役となって子育てをする場合が多い。幼児は自分を取り巻く大人や家族をフィルターにし，外界の世界のさまざまな事柄を，心のなかに書き込んでいく。その際，たとえば，精神的なショックが大きければ，トラウマ★となって，後々まで解消されずに引きずるようなことになるかもしれない。または，子どもが精神的な傷を負った原因が，保護者によるネグレクト★に帰因することも少なくはない。

幼い子どもの心に描かれた事柄が，プラス要因（喜び，うれしさ，満足感など）であろうとも，マイナス要因（悲しみ，不安，恐怖，孤独感など）であろうとも，その子どもの内的な資産となって形成されていくことを，私たちは忘れてはならない。

4節　内的資産の形成に向けて

　本章では，幼児期の内的な資産形成について，幼児期のインフォーマルな教育を支える親の価値観，社会的背景に着目しながら考察してきた。

　わが子の成長を願わない親は，まずいないと考えるのが一般的であろう。しかし，子どもに過剰に期待するあまり，乳児期にはあれほど愛しかったわが子が，成長していく過程で，愛情を注ぐことができなくなってしまう例は少なくない。私事で恐縮だが，小学校への入学を控えた息子が，思うように行動してくれないことに苛立ち，唐突に心無い言葉を発してしまうことがあった。矛盾し，混乱した気持ちを静めようとする時，目にしているのは，次のような詩である。「子は親の鏡」と題するこの詩はスウェーデンの教育学者ノルト博士が書いたものであり，『子どもを育てる魔法の言葉』（ノルト＆ハリス，2003）として出版されている。皇太子殿下が2005年2月に誕生日の記者会見にて，ノルト博士の詩を朗読され，話題になったことは有名である。

> 「子は親の鏡」
> 批判ばかりされた子どもは，非難することをおぼえる
> 殴られて大きくなった子どもは，力にたよることをおぼえる
> 笑いものにされた子どもは，ものを言わずにいることをおぼえる
> 皮肉にさらされた子どもは，鈍い心のもちぬしとなる
> しかし，激励をうけた子どもは，自信をおぼえる
> 寛容にであった子どもは，忍耐をおぼえる
> 賞賛を受けた子どもは，評価することをおぼえる
> フェアプレーを経験した子どもは，公正をおぼえる
> 友情を知る子どもは，親切をおぼえる
> 安心を経験した子どもは，信頼をおぼえる
> 可愛がられ抱きしめられた子どもは，世の中の愛情を感じとることをおぼえる
> 　（ノルト＆ハリス，2003）

　この詩の一文一文が伝えているメッセージは，特別なことではなく，とてもシンプルな内容である。私たち大人が何気なく発している言葉やふるまいに無

自覚であれば，純粋で無垢な幼児の心にマイナスの資産を蓄積させてしまうことになる。ノルト博士の詩は，マイナスの資産を「負債」として抱えたまま，子どもたちが成長することのないように，やさしい文体で語りかけているのである。

親はわが子がどのような状況に置かれようとも温かいまなざしを投げかけ子どもの成長をケアし，サポートしていく必要がある。それは，わが子の存在を無条件に受け入れながら，その行動を律していくことである。人間関係も含めて，子どもが安息する居場所や機会を幼少の頃から意識して与え，言葉や態度で表現していくことが，幼児期の発達資産を支えるプラス面での資産形成になるに違いない。そして，失敗や挫折などの苦い経験をも，人生における貴重な経験として受け入れていくことの重要性を伝えていくことが，幼児期の内的な資産形成においても必要である。なぜなら，現実の社会は，すべて第1希望通りに進んでいくことなどありえず，私たちは善悪に満ちた混沌とした社会のなかで，自らの判断能力，知力，体力を頼りに生きていかなければならないからである。

次世代を担う子どもたちをどのように導いていくことができるのか。私たち一人ひとりに課せられた役割は大きい。しかし，私たち自身の気持ちのあり方，つまり心のゆとりを保つことが内的な資産形成に取り組む第一歩になると考える。目先の利益にこだわるあまり，忘れてしまいがちな周囲の人々への気遣い，やさしさなど，日常生活のなかで取り組める事柄（表2-1参照）をふり返ってみてはどうだろうか。私たちを取り巻く社会情勢は急速に変化を遂げていくが，「変わってはならないもの」「なくなってはいけないもの」を，目には見えない「無形の財産」として子どもたちに伝えていくことの意義を，常に心に留めておくことが必要である。

注1　この調査の目的は，同一客体を長年にわたって追跡調査する縦断調査として，平成13年度から実施を始めた承認統計であり，21世紀の初年に出生した子どもの実態および経年変化の状況を継続的に観察することにより，少子化対策等厚生労働行政施策の企画立案，実施等のための基礎資料を得ることを目的としている。詳細はhttp://www.mhlw.go.jp/toukei/saikin/hw/syusseiji/05/index.html 参照のこと。

注2　習い事をしている子どもは38.3%で，男児は「水泳」，女児は「音楽（ピアノなど）」が多い。そのうち第4回調査から「習い事をしている」子どもは19.2%となっている。

推薦図書

- 『こすずめのぼうけん』　エインズワース，R.（著）／石井桃子（訳）　福音館書店　1976年
- 『子供が育つ魔法の言葉』　ノルト，D. R. & ハリス，L.（著）／石井千春（訳）　PHP出版　2003年
- 『おおきな木』　シルバスタイン，S.（著）／本田錦一郎（訳）　篠崎書林　2005年

3章 幼児のための外的な発達資産と地域づくり

1節 幼児期の体験と環境

　あなたは，幼い頃の記憶をどこまでさかのぼって思い出すことができるだろうか。幼稚園に入園した時のことを鮮明に覚えている人もいれば，小学校以前の記憶はほとんどないという人もいるかもしれない。しかし，幼い頃の記憶がないからといって，その時期に体験したことの意味が失われるわけではない。

　本人の記憶の有無にかかわらず，幼児期は，心情・意欲・態度・基本的生活習慣など，生涯にわたる人間形成の基礎が培われる重要な時期である。情緒的・知的発達を養い，社会のなかでよりよく生きていくための基礎を獲得していくこの時期に，幼児が接する生活や遊びなどの直接的・具体的な体験は，その後の生活に非常に大きな影響力をもつ。周囲の大人や社会は，こうした幼児期の子どもの育ちを支えるために，どのような環境を用意し，どのように子どもに接するのがよいのだろうか。

　幼児期には排泄の仕方を学ばなくてはならないとか，赤ちゃんは母親とのスキンシップを通じて愛情や信頼といった基本的情動を獲得するといった情報を知っておくことは，子育てをするときにもちろん役立つだろう。しかし，そうした情報だけで子育てはできない。親や家族との関わり，居住空間，家庭や地域の環境，国の取り組みなど，子どもを取り巻くあらゆる環境が子どもの育ちに影響する。子育てをする際には，こうした周囲の状況一つひとつに目を配りながら，どのように子どもに向き合ったらいいのか，周囲の状況がそれぞれ子どもにとってどのような意味をもつのかを広い視野からとらえていく必要がある。

　本章では，幼児期の子どもの成長を支える諸環境を，「外的な発達資産」と

いう視点からとらえなおすことで，以上に述べたような広い視野からどのような子育ての環境が望ましいのか，現在の日本社会の状況に対応した外的資産とはどのようなものか，そうした資産を形成するためにはどのような取り組みが必要なのかについて考えてみたい。

2節　幼児期における外的資産とは

　幼児期における「外的な発達資産」にはどのようなものがあるのだろうか。「発達資産」の概念を提唱したサーチ・インスティチュートでは，幼児期に重要とされる外的資産として，表3-1に示したように①支援，②エンパワーメント，③規範と期待，④多様な活動，の4つのカテゴリーをあげ，それぞれのカテゴリーについて，具体的に以下のような外的資産があるとしている（表3-1）。

(1)　支援

　支援のカテゴリーでは，直接子どもの育ちを支援するような人や社会の関係のあり方について述べられている。幼児期の初期においては，乳を与えたりオムツを替えたりといった，母親や家族による生存維持のための世話が不可欠であるが，そうした生理的側面だけでなく，その子の存在を受け入れ関わろうとする肯定的な雰囲気が必要である。また，幼児期から家族以外の大人との関係をもつことは，多様な他者との出会いを経験する意味で重要であろう。親身な隣人や支援的な地域の教育環境が存在することは，直接幼児の支援になるだけでなく，親や家族の子育ての負担を軽減したり，協力してより豊かな子育て環境をつくりだしたりすることを可能にする。そのためには，外部が家族を支援するばかりでなく，保護者自身が教育現場に参加して学習したり，他の子育て家族と関係をもったりすることが大切であろう。

(2)　エンパワーメント

　エンパワーメントのカテゴリーでは，幼児自身が社会とつながり，そこに価値ある存在として安心して位置づくためにはどのような環境が必要であるかが述べられている。まず必要なのは，家族はもちろんのこと，子どもが暮らす地域全体がその子どもの存在を受け入れ，共に育てていこうという共通の目的を

表 3-1 幼児期の外的資産

	資産名	具体的な資産のあり方
①支援	家族のサポート	家族は子どもとの生活を通じて深い愛情を注ぎ，支援する。
	家族との肯定的なコミュニケーション	子どもと親が積極的にコミュニケーションを図り，子どもは親から進んで助言を得たり，相談しようとする。
	家族以外の大人との関係	親以外の大人も子どもの支援をする。
	親身な隣人	近所の地域住民も親身に子どもの世話をする。
	支援的な地域の教育環境	学校が子どもの成長を支援・奨励するような環境を提供する。
	家庭外の教育現場への保護者の参加	親は，子どもが学校でうまくやっていけるように，活発に家庭外の教育現場に関わる。
②エンパワーメント	地域社会における子どもの承認	大人が，子どもを社会のなかで価値ある存在として扱う。
	社会的役割をもつ存在としての待遇	子どもが，社会のなかで有用な役割を与えられる。
	他者への援助・奉仕活動	家族が子どもと一緒に地域で奉仕活動を行なう。
	安全・安心な環境	子どもが家庭・地域・社会で安全かつ安心して暮らせる環境がある。
③規範と期待	家庭の規範	家族が明確な規範をもって行動し，子どもの居場所を管理する。
	地域社会の規律	学校は明確な規律をもって行動し，近隣住民は子どもの行動を監督する責任を負う。
	模範的役割としての大人	親や周囲の大人が，好ましい責任あるふるまいの模範を示す。
	仲間との交流	子どもの友だちが責任あるふるまいの模範を示す。
	適切な発達への期待	親や教師は，子どもが適切で望ましい発達ができるように励ます。
④多様な活動	創造的な活動	子どもが音楽・演劇・美術活動などに参加する。
	子どものためのプログラム活動	子どもが学校や地域のスポーツ活動に参加する。
	家庭での時間	子どもが，家族と「特に何もしない」時間を共に過ごす。

もつことである。それはたとえばバスのなかで子どもが泣いてしまってもすぐに目くじらをたてずに見守る温かい感情かもしれないし，地域に子ども向けの施設があるという具体的な条件整備かもしれない。いずれにせよ，子育てを保護者個人の責任とするのではなく，地域全体で受けとめ取り組んでいく共通の認識が大切である。

とはいえ，一方的に存在を受け入れ世話をするだけが子育てではない。子どもが社会にしっかりと位置づくためには，子ども自身に対して社会的責任と役割を与えることも必要である。たとえば家庭内で物事を決めるときに子どもも

自分の意見を言い決定権を担う，家や地域で大人と一緒に掃除などのお手伝いをする，といったことを通じて，子どもは自分が必要とされ役立つ存在として自信・誇り・責任感を感じるようになる。幼児だからといってその子どもの要求への対応に終始するのではなく，社会の側からの要求があることを子どもも知ることができるような環境を準備することが望まれる。なお，こうした子どもにエンパワーメントを与えるような環境の前提として，子どもたち自身が安心・安全に暮らせる環境が不可欠であることはいうまでもない。

(3) 規範と期待

　規範と期待のカテゴリーでは，子どもが一社会人として成長していくために，周囲がどのような社会的価値観を子どもに要請しているのかを示すための環境が必要であることが述べられている。乳児は，お腹が空いたらお乳をもらえ，おしめが汚れたら清潔なものに取り替えてもらえるという生活のなかで，自分の欲求がかなえてもらえる安心感・信頼感を獲得する。しかし，成長するにつれて，子どもは社会のなかで自分の欲求ばかりを主張するのではなく，時には我慢し守るべきルールがあることを知らなくてはならない。

　しつけ★とよばれるこの作業は，多様な人間が同じ社会で暮らしていけるようになるための重要なプロセスである。このプロセスをうまく達成するために，家庭や社会は，求める規範や規律をわかりやすく示す必要がある。最も重要かつ効果的な示し方は，大人自身が模範を示すことである。幼児期の基本的な学習方法は「模倣」である。子どもは価値の判断なく大人のまねをすることから学習を始める。子どもに望む姿を大人自身が示し，うまく模倣できたらほめることが望ましい行動を育てる近道である。

　また，子どもどうしの交流は，何でも自分の世話をしてくれる大人とは異なる，「自分の要求が通らない」体験をする身近な環境である。好きな玩具を奪われる，たたいたらたたきかえされる，親切にしてもらうといった経験を通じて，何をされたら嫌なのかうれしいのか，うまく仲間とやっていくにはどうしたらいいのかといった試行錯誤を経て，子どもたちは自ら社会の価値観を身につけていく。

　社会が子どもに望む価値観には，「こうしてはならない」という規律のほかに，「こうあってほしい」という期待もある。とくに親や家族が愛する子ども

たちに対して抱く「こう成長してほしい」といった期待は大きいだろう。子どもはそうした期待を敏感に察知し，それにこたえようとするものである。その意味で大人の期待が発達をうながすことも事実である。しかし，物事には順序があるように，すべての期待に一度にこたえることは簡単にできるものではない。歩行・発話・食事などの発達はその時期ごとに時間をかけて獲得するものである。期待が大きすぎ，それが達成できないと，家族が過度の負担を子どもに与え，子どもが挫折感を味わうことになる。各発達時期にふさわしい達成目標を期待することが重要である。

(4) 多様な活動

以上の外的資産のほかにも，子どもの成長に必要な環境やはたらきかけはさまざまあるだろう。家族で何気なく過ごす時間はもとより，地域などでは子ども向けの種々のプログラムを用意することも有効である。重要なことは，環境を限定的にせずに，さまざまな家庭の状況によって利用したりしなかったりといった選択ができるような多様な活動の環境を整えることである。

また，すべての環境が明確な目的と達成目標をもつ必要はない。一見むだに思えるような子どもがぼーっと過ごす時間，子ども自身が場を創造できるような自由とゆとりのある環境は，のびのびとした子どもの想像力を育てるうえで大切な時間や場なのである。

3節　日本の現状に対応した幼児期の外的資産の形成

以上の外的資産は，多くの社会に共通する一般的項目としてあげられたものである。しかし，それぞれの国や地域，政治・経済・文化的状況によって，求められる外的資産は多様でありうる。この節では，現在の日本における幼児と母親を取り巻く子育て環境がどのようなものであるかを確認する。そのうえで，今どのような外的資産がとくに求められているのか，改善すべき問題点はどのようなものか，といったことについて考えてみよう。

▶1　子育て環境の変化

いうまでもなく，現代日本は急激な少子化社会を迎えている。2005（平成

17) 年の合計特殊出生率は 1.25 と過去最低を記録し，政府の予測よりも早いペースで人口減少社会へと突入している。少子化の原因として，女性の就労体系の変化にともなう非婚化・晩婚化などがしばしば指摘される。だがこの背景には，結婚やライフスタイルに対する意識が変化して「産まない」という選択をする女性が増えているだけでなく，出産・育児への経済的負担が大きく「産みたくても産めない」という女性も多く存在することを見逃してはならない。

　このような，女性の社会進出と少子化社会の進行の結果，子育てにおける母親の負担が増加している。1980年代以降，共働き世帯は増加を続け，2004（平成16）年には専業主婦世帯（875万世帯）を追い抜き，961万世帯に上っている。しかし，現実には夫がフルタイムで働き，妻はパートで働きながら子育てもするといったスタイルが多く，妻は仕事と子育てを両立させなければならない状況にある。一方，専業主婦の女性たちも，核家族化が進む現在では，子育てを母親1人で負担することが多く，育児ストレス★を抱えた母親が幼児虐待といった事件を引き起こすといった問題も深刻化している（図3-1）。

　児童相談所に寄せられる報告のうち，虐待による死亡の4割弱をゼロ歳児が

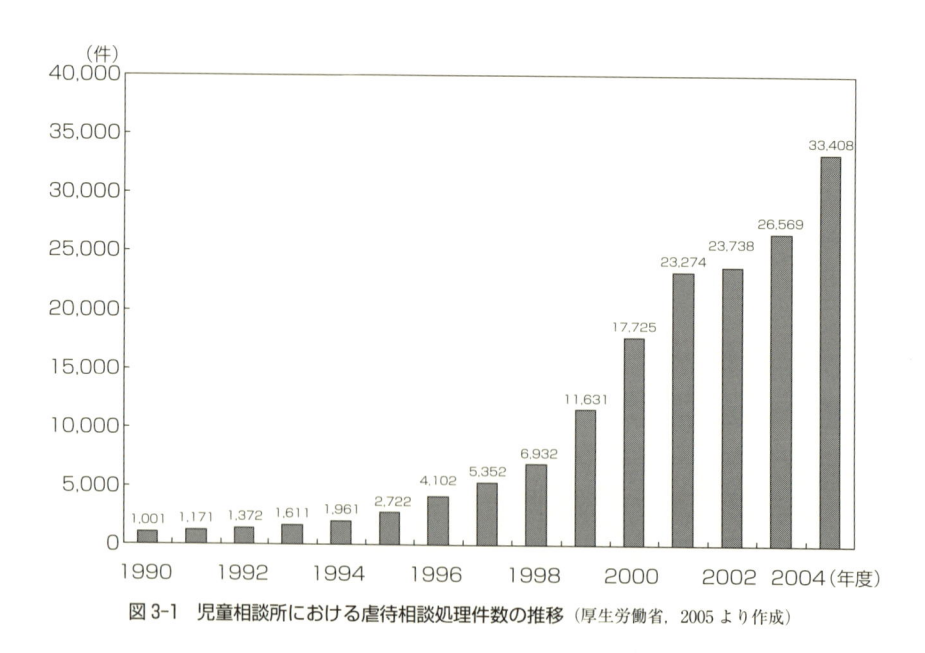

図3-1　児童相談所における虐待相談処理件数の推移（厚生労働省，2005より作成）

占めており，深刻な虐待の多くが幼児期に集中していることがうかがえる。また，虐待を引き起こす約半数が実母であるとされる。しかし，これらは母親だけの問題ではない。父親の育児不参加や，相談や支援を求める相手がおらず母親が孤立感を深めてしまう社会状況にもっと目を向ける必要があるだろう。

▶ 2 幼児を取り巻く生活環境

母親や家庭でのライフスタイルの変化にともない，幼児の生活環境も変化してきている。近年の4歳未満の子どもの起床・就寝時刻をみると，3人に1人は夜10時以降に就寝している（図3-2）。こうした「遅寝」の傾向は10年以上前からも指摘されており，近年は遅寝の傾向に歯止めがかかってきているも

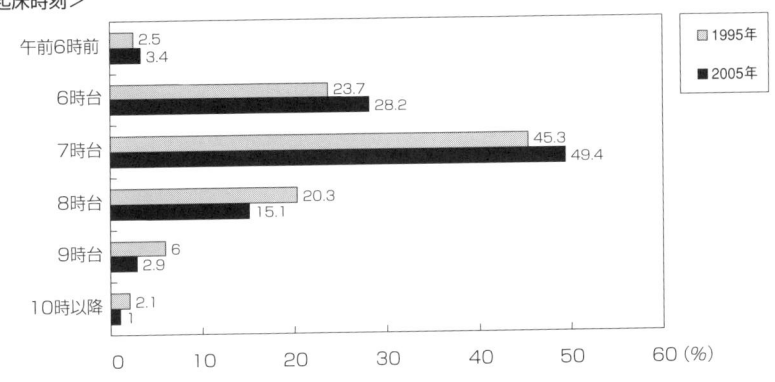

<起床時刻>

時刻	1995年	2005年
午前6時前	2.5	3.4
6時台	23.7	28.2
7時台	45.3	49.4
8時台	20.3	15.1
9時台	6	2.9
10時以降	2.1	1

<就寝時刻>

時刻	1995年	2005年
午後8時前	3.7	3.1
8時台	14.4	16.6
9時台	40.5	46.5
10時台	27.4	25.3
11時台	11.4	7.3
深夜12時以降	2.5	1.1

図3-2　4歳未満の子どもの起床・就寝時刻（厚生労働省，2006）

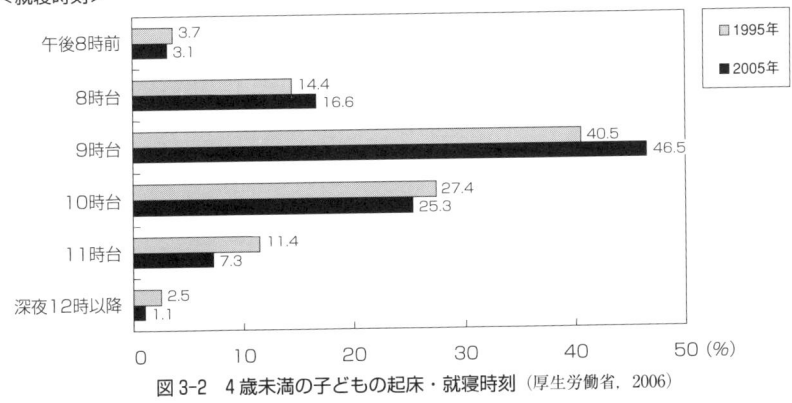

第1部　幼児期の学習

のの，まだまだ大人の生活リズムに幼児が合わせている状況がみられる。また，年齢が低いほうが遅い時間に寝ているとの調査結果もある（川上，1996）。親と過ごす時間が長い幼児期ほど，親の生活パターンが子どもに大きく影響するのである。

食事については，2005（平成17）年の調査によると，朝食に欠食がみられる子どもが1割おり，就寝時間が10時以降の子どものほうが欠食の割合が高い傾向がみられた。また，母親の朝食習慣との関係をみると，母親が朝食を欠くほど子どもも朝食を抜く（与えられない）傾向にあることがわかった（図3-3）。

このように，幼児期において睡眠・食事といった基本的な生活習慣は，子育てに関わる母親や家族の生活習慣に大きく左右される。近年の女性の社会進出，深夜テレビや24時間営業店の増加にともなう活動時間の夜型化により，子どもの遅寝・欠食傾向がますます進んだり定着していくことが懸念される。食事を抜いたり十分な睡眠時間を与えられないことが子どもの健全な成長を妨げることになるのは明らかである。大人の都合で自分の生活リズムを子どもに

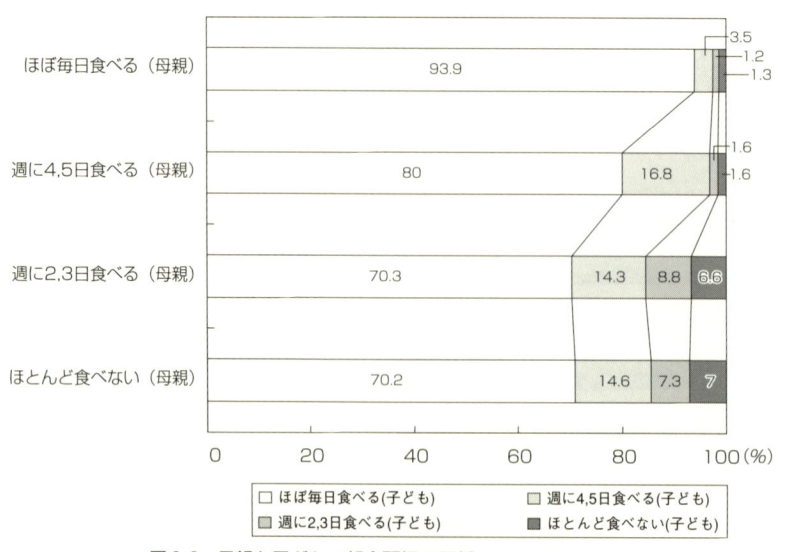

母親の朝食習慣	ほぼ毎日食べる(子ども)	週に4,5日食べる(子ども)	週に2,3日食べる(子ども)	ほとんど食べない(子ども)
ほぼ毎日食べる（母親）	93.9	3.5	1.2	1.3
週に4,5日食べる（母親）	80	16.8	1.6	1.6
週に2,3日食べる（母親）	70.3	14.3	8.8	6.6
ほとんど食べない（母親）	70.2	14.6	7.3	7

図3-3　母親と子どもの朝食習慣の関係（厚生労働省，2006）

強いるのではなく，大人自身が自分の生活習慣をふり返り，どのような生活環境が望ましいかを考えてみることが必要だろう。

基本的な衣食住のほかに，現代の子どもを取り巻く環境のなかで，テレビ，ビデオ，ゲームといったメディアをはずすことはできない。近頃の母親世代は自分たち自身がテレビに慣れ親しんで育ってきた世代であり，幼児にテレビを見せることに抵抗のない親が多い。また，幼児向けのテレビ番組やビデオ教材も充実していることから，むしろそうしたメディアを子育てに積極的に利用したいという親も多いようだ。実際，1歳児の5割近くがすでに見たい番組が決まっており，2歳児の約3割はビデオの再生が1人でできるという調査結果があることからも，テレビやビデオといった映像メディアがいかに幼児に身近な存在であるかがうかがえる（ベネッセ教育研究所，1995）。

しかし，身近な存在であればこそ，幼児に与える影響も大きく，メディアのもつ負の側面にも十分注意を払う必要がある。図3-4にみるように，子どもを取り巻く環境は親・きょうだい・友だちなどといった，子どもが直接に関わる環境（マイクロシステム）から，社会習慣・文化などといった間接的に影響を

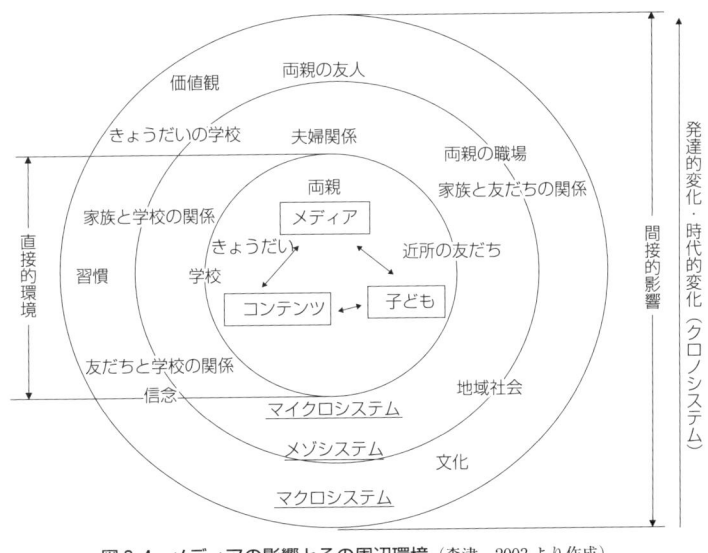

図3-4　メディアの影響とその周辺環境（森津，2003 より作成）

与える要因(マクロシステム)まで,多層的な構造になっている(森津,2003)。このなかで,テレビやビデオといったメディアは,主に子どもが個人視聴というかたちで直接に関わる環境であり,マイクロシステムのなかに位置づけられる。しかし,人とのやりとりが双方向的であるのに対し,テレビなどのメディアは子どもへの一方向的な関わりである。子どもが長時間テレビを見すぎると,感情表現や意思表示がうまくできないなどといった弊害が指摘されるが,子どもへの影響が直接的であると同時に一方向的であるというメディアの特徴を理解し,親子での視聴を心がける,内容を後で一緒に話すといった人との関わりに結びつける対応や,視聴時間を調整するといった対応が必要であろう。

4節 外的資産としての地域づくり

1 子どもの生活レベルと支援のあり方

以上の子どもを取り巻く現状をふまえたうえで,私たちは具体的にどのような社会づくりを進めていけばいいのだろう。

1節で確認した外的資産の項目を,日本の現状に具体的にあてはめて考えるために,図3-5を参考に,外的資産の4つの項目を生活における4つの価値と合わせて考えてみよう。さらに各レベルの価値を達成するための支援のあり方

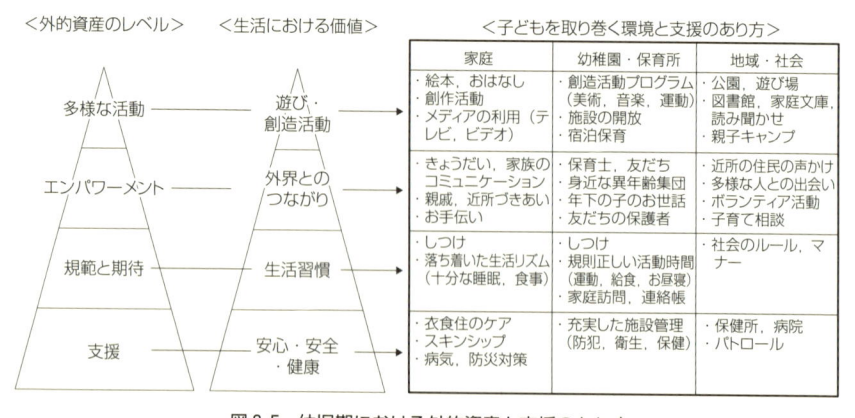

<外的資産のレベル>	<生活における価値>	<子どもを取り巻く環境と支援のあり方>		
		家庭	幼稚園・保育所	地域・社会
多様な活動	遊び・創造活動	・絵本,おはなし ・創作活動 ・メディアの利用(テレビ,ビデオ)	・創造活動プログラム(美術,音楽,運動) ・施設の開放 ・宿泊保育	・公園,遊び場 ・図書館,家庭文庫,読み聞かせ ・親子キャンプ
エンパワーメント	外界とのつながり	・きょうだい,家族のコミュニケーション ・親戚,近所づきあい ・お手伝い	・保育士,友だち ・身近な異年齢集団 ・年下の子のお世話 ・友だちの保護者	・近所の住民の声かけ ・多様な人との出会い ・ボランティア活動 ・子育て相談
規範と期待	生活習慣	・しつけ ・落ち着いた生活リズム(十分な睡眠,食事)	・しつけ ・規則正しい活動時間(運動,給食,お昼寝) ・家庭訪問,連絡帳	・社会のルール,マナー
支援	安心・安全・健康	・衣食住のケア ・スキンシップ ・病気,防災対策	・充実した施設管理(防犯,衛生,保健)	・保健所,病院 ・パトロール

図3-5 幼児期における外的資産と支援のあり方

を,「家庭」「幼稚園・保育所」「地域・社会」の3つの側面から具体的に考えてみよう。

　図3-5に示したように,幼児にとっての生活における価値は,最も基本的な生存レベルから高度な創造活動までさまざまなレベルがある。生存レベルでは,まずは食事・睡眠・衛生などの「安心・安全・健康」が求められるだろう。こうした価値を達成するための外的資産としては「支援」が必要である。具体的には,家庭での衣食住のケア,愛情を伝えるスキンシップ,幼稚園や保育所では防犯や衛生などに関する十分な整備,社会においては保健所や病院が幼児の健康のサポートをすることが求められる。そのうえで,「規範と期待」を通じて,社会生活に必要な「生活習慣」を身につける必要がある。具体的には家庭でのしつけ,幼稚園・保育所での規則正しい生活習慣,社会でのルールやマナーなどがあげられる。

　さらに活動範囲が広がるにつれ,他者などの自分以外の存在の認識,すなわち「外界との関わり」が重要になってくる。こうした関わりをうまく達成していくためには,「エンパワーメント」の項目であげたような外的資産が必要である。具体的には,家庭における両親,きょうだい,家族とのコミュニケーション,幼稚園・保育所における保育士や異年齢の子どもたちとの関わり,社会における多様な人々との出会いが,子どものエンパワーメントに関わってくる。ここでは子ども自身だけでなく,保護者の人間関係も重要な意味をもつ。

　近年では保護者自身の交流関係は父母や親戚が中心で,近所の人々との交流はさかんではないが（図3-6）,地域の人々が子どもをより身近に感じ,共に育てていく環境を整えていくことが求められている。地域の子育て相談所や子育てボランティアなどを通じて,地域と子どもが直接結ばれるような方策が有効であろう。

　こうした人間関係の広がりのなかで,子どもは「遊びや創造活動」を通じてさまざまなことを学び吸収していく。外的資産における「多様な活動」として,子どもがとくに何もしないという時間も重要だが,こうした「すき間」の時間も含め,家庭や地域では多様な活動の機会を提供する必要があるだろう。以下,現在取り組まれている子育て支援の事例をより詳しくみてみよう。

第1部　幼児期の学習

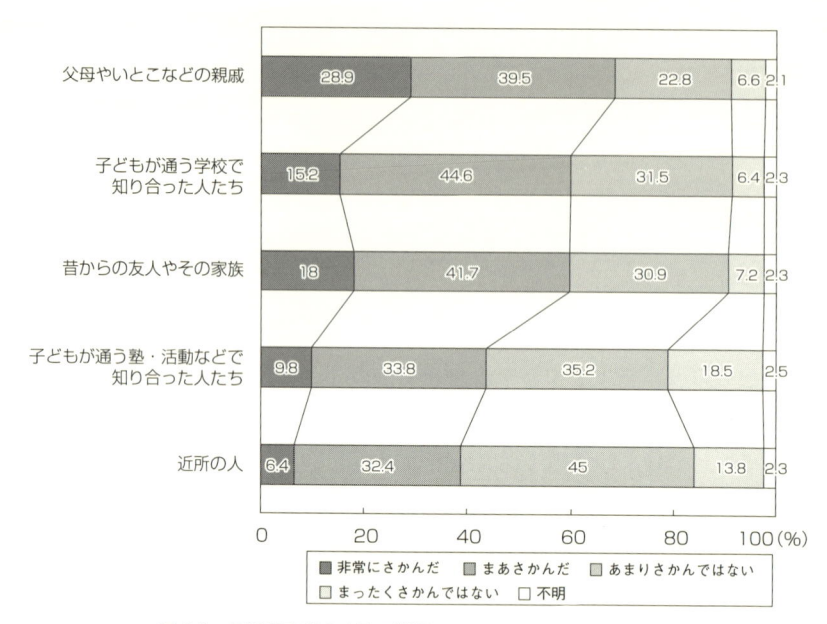

図3-6　保護者自身の交流の状況（文部科学省，2006より作成）

▶ 2　行政の取り組み

　2006（平成18）年，中央教育審議会答申「子どもを取り巻く環境の変化を踏まえた今後の幼児教育の在り方について」において，少子化対策としての子育て支援施策が改めてクローズアップされたが，近年国内では，家庭教育に関する学習機会の充実や子育て支援ネットワーク★づくりの推進，親子の共同体験の機会の充実，父親の家庭教育参加の支援などの具体的な政策が実施されてきた。ここには，前節で述べたような，地域社会と家族の変容，親の価値観・生活スタイルの変化などを背景に，家庭や地域の「子育て力」が低下したことへの対応という側面がある。具体的な支援策として，「早寝早起き朝ごはん」を呼びかけるなど，家庭教育の指針を示した家庭教育手帳★の配布，教育休暇制度の導入の促進などがある。また，幼稚園と保育所の機能を統合した総合的な子育て支援施設である認定こども園★の構想など，厚生や教育といった従来の行政枠組みを越えた子育て支援のあり方が模索されるようになってきてい

る。これらの施策の成果はまだ判断できないが，子育てと仕事の両立のための雇用環境の整備や，安心して子どもを産める家庭や地域の環境整備の施策は，外的資産を支える間接的な取り組みとして評価できるだろう。

▶3　多様な地域の取り組み，環境づくり

　こうした行政の取り組みのほかにも，近年ではNPOや地域の人々のボランタリーな活動も活発になってきている。たとえば，親子の絵本の読み聞かせを支援する家庭文庫の取り組みや，絵本を通じて親子のふれあいを育むブックスタートの試みなどが注目される。ブックスタートは1992（平成4）年にイギリスで始まった活動で，母親と生後数か月の赤ちゃんに絵本を提供し，読み聞かせの機会を与える活動である。ブックスタートでは，本を「読む」というよりは，赤ちゃんと母親がお互いのぬくもりを感じながら，本を通じて一緒に時間を分かち合うことに重点が置かれており，その意味で読書推進活動というよりは子育て支援としての意味合いが強い。ブックスタートは「子ども読書年」である2000年に日本に紹介され，各自治体が0歳児検診でブックスタート・パックを配布したり，NPOが普及に努めたりと，その活動は全国に広がりつつある。こうした具体的な取り組みのほかにも，子育てをする母親の悩み相談や交流を支援する活動は各地で普及してきている。

　以上のように，具体的に子育てをする母親や家族を支える取り組みは，徐々に充実してきているといえるだろう。だが，表3-1や図3-5でみたように，幼児期の外的資産を育む環境は他にもさまざまありうる。たとえば，近所の公園や遊び場，地域の自然や住居の形態，あるいは交通や都市環境まで，あらゆる環境が幼児期の外的資産となる可能性を秘めている。今の社会に必要な外的資産とはどのようなものか，それが幼児の生活とどう関わるかを，常に探り，具体的な実践につなぐ努力が重要であろう。

推薦図書
- 『子どもと自然』　河合雅雄　岩波新書　1990年
- 『地域から生まれる支えあいの子育て—ふらっと子連れでDrop-in！』　小出まみ　ひとなる書房　1999年

第1部　幼児期の学習

- 『読む力は生きる力』　脇　明子　岩波書店　2005年
- 『子育て支援のすすめ―施設・家庭・地域をむすぶ』　北野幸子・立石宏昭　ミネルヴァ書房　2006年

第2部

児童期の学習

4章 児童期の内的資産と学習課題

　本章では、児童期を小学校に在籍している間、6, 7歳から11, 12歳の頃とする。幼児期と比べて大きな環境上の変化は、学校という教育システムに参入することであろう。それまでの家庭を主な領域とする遊び中心の生活から、学習場面が主流となる生活に移行し、生活空間が広がるとともに、友だちとの結びつきが重視されるようになる。教師や友だちという他者との関わりを通して、学習習慣を含む基礎的な生活習慣を身につけていく。

　本章では、児童期の発達課題を概観した後、現代の子どもの状況と照らし合わせながら学習課題を提示し、児童期の子どもの成長をうながす内的資産について検討していく。

1節　児童期の発達課題

　人生のそれぞれの節目において、発達課題（development task）とよばれる多くの人が経験する発達上の課題がある。ここでは、ハヴィガースト（Havighurst, R.J.）、エリクソン（Erikson, E.H.）、ピアジェ（Piaget, J.）の3者の説を取り上げ、児童期における発達課題がこれまでどのようにとらえられてきたかをみておこう。

▶1　ハヴィガーストによる児童期の発達課題——家庭から学校・仲間集団へ

　ハヴィガーストは、一生涯を、幼児期、児童期、青年期、壮年初期、中年期、老年期の6期に分けてそれぞれにおける発達課題を提示している。その特徴は、人間の身体的成熟や願望などの「個人」的観点と、「社会」の側の要請を取り上げ、双方を考慮して課題をとらえた点にある。1940年代のアメリカ

表 4-1 ハヴィガーストによる発達課題 (ハヴィガースト，1995)

児童期
① 普通の遊戯に必要な身体的技能の学習
② 成長する生活体としての自己に対する健全な態度を養うこと
③ 友だちと仲良くすること
④ 男子として，また女子としての社会的役割を学ぶこと
⑤ 読み・書き・計算の基礎的能力を発達させること
⑥ 日常生活に必要な概念を発達させること
⑦ 良心・道徳性・価値判断の尺度を発達させること
⑧ 人格の独立性を達成すること
⑨ 社会の諸機関や諸集団に対する社会的態度を発達させること

では，青少年問題が多発し，若者をいかに良識のある市民にしていくかという点に社会的関心が集まっていた。そうした社会的背景のもとで考えられたハヴィガーストの発達課題は，当時の中産階級の理想像が反映される形になっている。社会的に達成が期待される発達課題のリストは，青年期が最も多くて10項目，その次に多いのが幼児期と児童期の9項目である。

ハヴィガーストは，6～12歳を児童期とし，その児童期に達成するべき課題に，身体的能力，健康に対する態度，友人関係や男女の社会的役割，学習面での基礎的技能，道徳性，社会性などの習得をあげている（表 4-1）。

ハヴィガーストは，仲間集団への結びつきが強くなってくるこの時期に，遊びを通じて身体的発達や人間関係の構築，ルールやマナーなどの学習を行なうことを重視している。幼児期には親や家庭の果たす役割が大きかったが，児童期は勉強や友だちづきあいなど学校を中心とした活動になり，発達課題の達成において学校や教師への期待が大きくなる。

ハヴィガーストは，ある段階で適切な発達課題を達成させることが後の人生やその課題達成に影響することを前提に発達課題をとらえている。これは，人間の教育や成長における臨界期の考え方と同じである。これから述べるエリクソン，ピアジェの発達段階説も，一定の順序に基づいて人間の成長をみており，人生の適切な時期に教育が行なわれる適時性を強調している。

▶2 エリクソンによる児童期の発達課題——「勤勉」

エリクソンは，フロイト（Freud, S.）の心理・性的発達の理論に社会的な

第2部 児童期の学習

観点を取り入れて、独自の発達段階説を展開している。成長していく過程を人間の一生にわたってとらえた理論としては、ハヴィガーストの発達課題群に比べて一貫した原理をもっており体系的である。その特徴としては、人間の自我が、人生のさまざまな段階で生起してくる心理—社会的な危機を克服することによって成長し続けるとみた点である（図4-1）。

たとえば、乳児期にあたる段階Ⅰの「信頼 対 不信」では、乳児が母親をはじめとする自分を取り巻く世界への信頼感を獲得できるか、それとも信頼感をもてずに不信感に終わってしまうか、そこに危機があるとされる。この危機を乗り越えて次の段階へ進むこと、つまり、克服と努力が重要であると述べている。

それでは、児童期の発達課題は何であろうか。エリクソンは、児童期の課題を「勤勉 対 劣等感」としている。児童期には、学校での組織的な教育を通して、学習態度を身につけ、知識や技能を得たり、活動に打ち込んだり、目的のために行動することを学ぶようになる。そして、自分の行なった行為やその結果について、周囲から評価や承認を得ることで、子どもは自分に対して自信を

	1	2	3	4	5	6	7	8
Ⅷ 老年期								自我の統合 対 絶望
Ⅶ 成人期							生殖器 対 停滞	
Ⅵ 成人前期						親密さ 対 孤独		
Ⅴ 青年期					同一性 対 役割混乱			
Ⅳ 学童期				勤勉 対 劣等感				
Ⅲ 幼児後期			自発性 対 罪悪感					
Ⅱ 幼児前期		自律 対 恥と疑惑						
Ⅰ 乳児期	基本的信頼 対 不信							

図4-1　エリクソンによる発達段階説 (エリクソン, 1977 より一部修正)

もつようになる。こうして児童期の子どもは，勤勉性に対する姿勢や自分の有能感★を獲得していく。逆に，児童期の課題達成が失敗に終わると，自分に対する自信がもてず劣等感を抱くという危機が待ち受けている。

　働く人になるための準備の時期として児童期を位置づけるエリクソンにとって，勉強をはじめとするあらゆる活動に勤勉に従事し，それに対して周囲の承認を獲得することは，今後の人生における生活や精神の基礎づくりを意味しているといえる。

▶ 3　ピアジェによる児童期の発達課題──「具体的操作」

　ピアジェは，人間の発達段階を，個人と環境の相互作用による認知的構造の変容という点からとらえている。青年期までの発達を，「感覚運動的知覚期」「前操作的思考期」「具体的操作期」「形式的操作期」の 5 つに区分し，先の段階で得られた認知構造を統合する形で，新たな認知構造を獲得していき，その順序は一定であるとした。

　「前操作的思考期」である幼児期は，イメージや言語を通して象徴的な思考ができるようになるが，論理的な思考は難しく，直観に頼る部分が多い。「具体的操作期」の児童期の特徴としては，幼児期にはできなかった，具体的な物を対象として論理的な思考ができるようになることである。たとえば，形の違う器に水を移し替えても水の量は同じであるという保存の原理を理解できるようになることや，時間や空間の概念が広がることで，それまで自己中心的であった思考から脱することができるようになる。しかし，具体的な場面を介さず，仮説・演繹的思考などの論理的な思考ができるようになるには，次の青年期の「形式的操作」の段階を待たねばならない。

　以上，代表的な 3 者の発達段階説は，一般的な形で現代の日本の子どもの状況に当てはまるものもあるが，時代的・社会文脈的な制約を受けている。たとえば，ハヴィガーストの発達課題については，中産階級をモデルにしてつくられている点がしばしば批判されている。また，男女の社会的役割の習得という課題については，ジェンダーにかかわらず成長していくことが重視されるようになった現代社会からみた場合に，そのまま適用可能な課題とは言いがたい。

第2部　児童期の学習

時代性や地域性など社会文化的背景を考慮する必要があろう。

2節　現代日本における子どもの状況と学習課題

1節で取り上げた発達課題群を参考にして，児童期における子どもの学習課題をひとまず次のように設定したい。遊びを含む身体的技能の学習，言葉や知識など基礎的学習，仲間集団など人間関係づくりの学習である。この3つの観点から，現代の子どもがどのような状況にあるのかをみていこう。

▶1　遊びを含む身体的技能の学習

児童期における身体や運動技能の発達は，生涯を通じて健康な生活を送るための基盤となる重要なものである。また，身体を使った遊びをした経験は，将来子どもを育てる場合の参照枠となったり，幼い頃の思い出として想起される財産にもなりうる。

それでは，現代の小学生はどのような基礎体力を備えているのであろうか。文部科学省の行なった「体力・運動能力調査」（文部科学省，2005）では，小学生においてとくに持久的な走能力（持久走）および跳能力（立幅跳び）が，低下傾向にあることが報告されている。11歳の児童の基礎的運動能力（50メートル走，ソフトボール投げ）および体格（身長・体重）について，20年前と比較すると，男女とも「身長」「体重」は向上しているが，運動能力が低下している。

こうした低下の背景には，食事や就寝時間の不規則な生活習慣に加えて，子どもを取り巻く環境の変化がある。つまり，都市化や少子化の進行，テレビゲームやパソコンの普及にともなって，外で遊ぶ空間や時間，一緒に遊ぶ友だちが減っているのである。この例として内閣府の行なった「青少年の生活と意識に関する調査」（内閣府政策統括官，2001）によれば，休日の余暇の過ごし方（小学4～6年生）として，「テレビ視聴」（約70％），「テレビゲームなど室内ゲーム」（約60％）が飛びぬけて多く，「家族とおしゃべり」「近所で友だちと遊ぶ」（ともに約30％）が少なくなっている（複数回答）。また，塾通いによっても，放課後や休日の自由時間が減少している。厚生労働省が行なった

「児童環境調査」(厚生労働省雇用均等・児童家庭局，2001)によると，小学5年生の29.5%，6年生の44.1%が学習塾に通っている。身体を使った遊びや運動技能は，以前なら自然に学習されてきたものであるが，今日では積極的に学んでいく学習課題に位置づけられるようになったといえる。

▶2 言葉や知識などの基礎的学習

ピアジェは，児童期を「具体的操作期」と位置づけ，具体的なものを通して，物事を論理的に考えることができるようになる時期だとした。ハヴィガーストも，読み・書き・計算などの基礎的能力，および日常的な生活に必要な概念的知識を獲得することを発達課題とした。また，エリクソンは，こうした段階において，勤勉性と自己に対する有能感が得られないと，劣等感に陥る危険性を指摘した。学校生活が中心になるこの時期，こうした基礎知識に加えて，小学校高学年からは応用力や問題解決力も求められるようになる。

これまで日本の子どもの成績は国際的にかなり高い水準にあると指摘されてきた。しかし，2003(平成15)年に行なわれたIEA(国際教育到達度評価学会)のTIMSS(国際数学・理科教育動向調査)(小学生は理科・算数)では，日本の児童生徒の学力は国際的に上位にあるものの，小学生では理科の領域で一部低下が示され，学ぶ意欲や学習習慣においても課題があることが指摘されている。こうした状況を受けて，「確かな学力★」をいかに身につけさせるかという点に注目が集まっている。

小学生の学習への意欲や態度についてみてみよう。ベネッセ未来教育センターの調査(深谷・深谷，2004)によると，「黒板の内容をていねいにノートにとる」「先生の授業を熱心に聞く」など授業中に積極的態度を示している子どもが5割前後いる一方で，「早く休み時間にならないかなと思う」と授業に集中できていない子どもが8割以上いる(複数回答)。基礎的知識や技能という学習課題の克服以前の問題として，学習に対する意欲や楽しみをもつことが大きな課題なのである。

▶3 仲間集団など人間関係づくりにおける学習

子どもは，仲間とのさまざまな関わりのなかで生活や社会のあらゆることの

第2部　児童期の学習

基礎を学んでいく。ルールやマナーなどの社会性を身につけ，思いやりや共感を育む。また，他者との関係を通じて，アイデンティティを形成していくこともあろう。児童期の発達課題の達成において，ハヴィガーストがこうした仲間集団の役割を重視したことは先述したとおりである。

前掲の「児童環境調査」(2001年)によれば，小学生にとって「大切なこと」のなかで最も高い数値を示したのが「友だちがたくさんあること」である。男子児童よりも女子児童でその割合が高くなっている。子どもが学校や地域のなかで，友だちとの関係に価値を置いていることがわかる(図4-2)。

その一方で，今日の子どもの学校生活は，「いじめ」や「不登校」などの問題と隣り合わせの状況にある。いじめの発生件数は中学生段階が最も多いが，同調志向が強くなる小学校高学年から，集団に適応することが強度に求められ，ピア・プレッシャーによるストレスあるいは疎外感を味わうことが増える。また，いじめや不登校の経験は，その後の生活においてトラウマとなったり，究極的には人を死に追いやることもある。人間関係づくりや対人スキルは，集団生活が本格的に開始される児童期から求められるものであるが，その後の大人社会においても継続して必要とされる学習課題でもある。

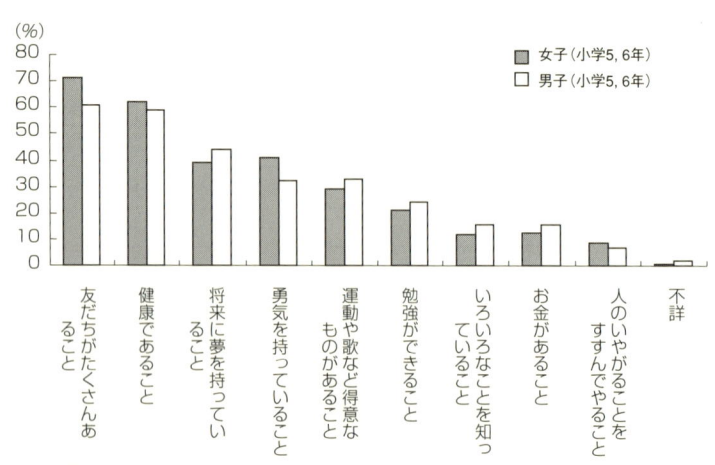

図4-2　大切なことと思うこと（厚生労働省雇用均等・児童家庭局，2001）

3節　児童期の発達を促進する内的資産

　子どもの望ましい内面成長をうながす内的資産には，肯定的な価値観，肯定的なアイデンティティ，社会的な能力，学習への参加の4項目が含まれるが，前節でみた児童期の学習課題の達成から考えてここでは重要であると思われる以下の5つの資産を取り上げることにしたい。それは，①学びへの意欲と習慣づけ，②コミュニケーション能力，③身体や健康に対する意識，④社会的正義感，⑤自己肯定感，である。現代の子どもの多くが直面している問題や経験が「負債」とならず，「資産」として促進するものを選んだ。児童期の子どもはこうした資産を，主な生活領域である家庭や学校，地域との相互作用によって活用し，自身の発達力へと転じていくことができる。資産の形成に果たしうる家庭や学校，地域の役割についても考えてみたい。

▶1　学びへの意欲と習慣づけ

　意欲とは，ある目的によって動機づけられる感情的な側面であり，動機づけは，大別すると2つの立場から説明される。第1に，報酬を獲得したり，他者からの要請に応じたり，罰を避けるといった外的な要因による外発的動機づけ，第2に，知的好奇心，興味・関心など，内的な要因による内発的動機づけである。主体性や自主性の尊重という教育観からは，後者の内発的動機づけが望ましいとされるが，内発的動機づけが外的な要因によって促進されることもあるのは私たちの経験からも大いに理解できる。これは，意欲や動機づけが生来的なものではなく，環境からのはたらきかけで高められることを意味している。また，知識や技能などの基礎的能力の習得の達成には，学びに対する意欲が重要であるが，子どもの意欲をどう高めるかという「意識」の問題にとどめるのではなく，学びの習慣づけをどう図るかという「行動」レベルの問題としてとらえる必要がある（志水，2005）。意欲という意識レベル，学習習慣という行動レベルにおいて内的資産を育てることが求められる。

　学校においては，教師期待効果★として知られているように，子どものやる気を引き出す際に教師の励ましや期待の果たす役割が大きい。取り組みとして

第2部　児童期の学習

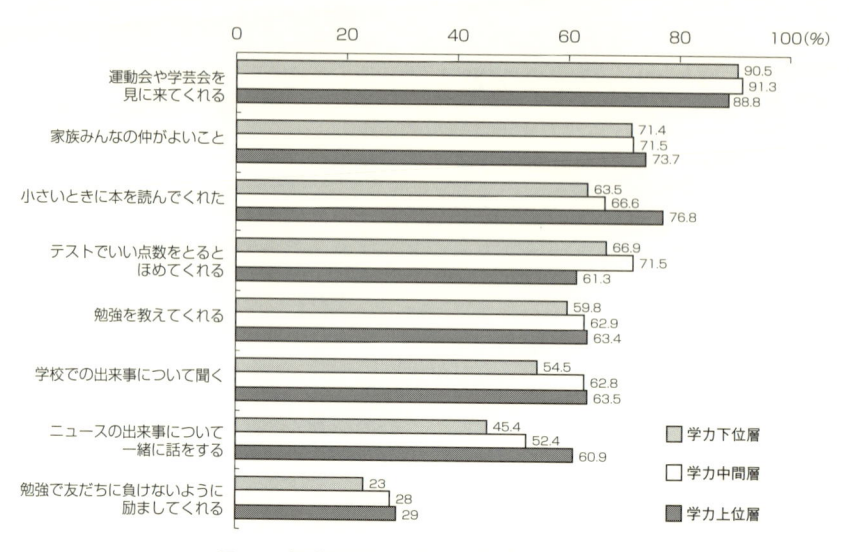

図4-3　保護者のかかわりと学力（深谷・深谷，2004）

項目	学力下位層	学力中間層	学力上位層
運動会や学芸会を見に来てくれる	90.5	91.3	88.8
家族みんなの仲がよいこと	71.4	71.5	73.7
小さいときに本を読んでくれた	63.5	66.6	76.8
テストでいい点数をとるとほめてくれる	66.9	71.5	61.3
勉強を教えてくれる	59.8	62.9	63.4
学校での出来事について聞く	54.5	62.8	63.5
ニュースの出来事について一緒に話をする	45.4	52.4	60.9
勉強で友だちに負けないように励ましてくれる	23	28	29

は，総合的な学習の時間★を活用し，生活に関連した身近な内容を取り上げ，子どもの学習意欲や知的好奇心を高める工夫を行なうことができる。

　一方で，家庭の役割や影響も無視できない。前掲のベネッセの調査では，保護者のかかわりが学力形成に影響を与えることが報告されている。学力上位層，中間層，下位層に分けた場合，上位層ほど家庭において，「小さいときに本を読む」「ニュースについて話をする」という知的なはたらきかけがなされている（図4-3）。文部科学省では2001（平成13）年に「子どもの読書活動の推進に関する法律」を定め，子どもの読書環境の整備に取り組み始めたが，家庭においても，子どもと一緒に読書をする，宿題をするなどをし，基本的な学習習慣を身につけさせることが求められている。

▶2　コミュニケーション能力

　児童期には家庭から外へ出て，仲間集団をはじめとする多様な人間関係をつくり始める。小学校の低学年や中学年では，仲間との遊びを通じてルールやマナーなどの規範を獲得し，幅広い知識や技能が磨かれる。たとえば，仲間集団のなかで，できる子ができない子に教えてやる，年長者が年少者のモデル行動

を示すなどである。仲間集団に同調しやすい小学校中学年以降の時期は，ギャングエイジとよばれ，大人の助けを借りずに，自分たちで問題解決を図ったり，親に内緒で行動したりするようになる。これは，大人社会に入る前に，大人社会で必要な社会性を訓練する時期としてとらえることができる。

　こうした仲間集団のなかでまず身につけるべき知識や技能は，コミュニケーション能力と言いかえることができよう。仲間集団だけでなく，教師や地域の大人など年長者に対してどのように接するか，初めて会った人との会話や態度の作法，さらには，自分と文化的背景が異なる人との対人スキルもますます重要となる。たとえば，定住外国人の増加にともない，学校や地域において外国にルーツのある人と接する機会が増えており，「異文化間コミュニケーションの能力」も求められている。

　コミュニケーション能力を育てるためには，家庭ではふだんから会話を積極的に行ない，言語力を育み，多くの人と交流する機会を与えることによって，学校では，教科や学級活動でグループ作業や発表の機会を多く盛り込むことなどが必要であろう。また，高齢者，乳幼児，障害者，異年齢，外国人など，さまざまな面で自分と違う他者がいることや，自分も他者とは違う側面をもつことを理解できるように，多様な価値観をもった人との交流を促進するような出会いの場を，学校や地域において提供していくことも課題の1つである。

▶3　身体や健康に対する意識

　身体の健康や清潔，安全についての意識を児童期からもち実践していくことは，早寝早起きや栄養のある食事，自身の健康への気配りなど，生涯にわたる生活習慣の基礎となる。また，命の大切さを知ることは，自身の体への気づかいだけでなく，他者の身体や健康に対する気配りをも育てる。

　生涯学習の観点に立てば，児童期より，高齢社会や高齢者の問題を知り，エイジング（加齢現象）についての学習を行なっていくことは，自分の未来を考えていくという点からも重要であろう。性教育は，セクシュアリティと私たちの生活が密接に関連していることを伝え自ら考えていくためにも，今後ますます比重が置かれるべき分野と考えられる。このような教育が学校の授業のなかに取り入れられることが重要であるが，生活習慣づくりの基礎である家庭での

取り組みにも期待される。規則正しい生活習慣や食生活を心がけたり，性に関する知識を多様な角度から共に話し合う場をもうけるなどの習慣形成に家族が共に取り組むことが子どもや大人自身にとっても大きな動機づけとなる。

　児童期には，友だちとの遊びを通して健康な身体がつくられる。都市化やメディアの普及にともなって，子どもの遊びの空間や時間が変容しつつあるが，子どもが住みやすい地域づくりを推進していくことも課題といえる。前掲の「児童環境調査」（2001年）では，「あったらいいと思う遊び場所」についてたずねている。小学5年〜中学校3年生で，男子が望んでいる場所は，「野球やサッカーなどができる広場」（58.5％），「自由に話したりゲームなどができる集会室」（36.6％）の順に，女子の場合は「歌ったり音楽を聴いたり楽器を演奏したりダンスなどが楽しめるスタジオ」（46.8％），「子犬や猫などの小動物や昆虫などとふれ合うことのできる遊び場所」（37.5％）の順に多い（複数回答）。子どもは，室内の場所も求めているが，運動のできる広い空間や動物にふれあえる自然環境も求めており，こうした外的資産の充実が内的資産の形成とも深く関わっている。

▶4　社会的正義感

　大人同様，社会的存在として歩きはじめる子どもにも，一人の未来市民としてふさわしい価値観を身につけることが求められる。なかでも社会的正義感に代表されるような，公共性や市民性に対する意識は，自分の住む地域や一緒に生活する人々に対する態度として現われてくる。この点については先の「児童環境調査」における「困っている人に出会ったときの対応」について問うた調査結果からみてみよう。「電車やバスに乗っていて，自分がすわっている近くに，お年寄りや体の不自由な人が立っていた」場合の行動として，「声をかけて，席をゆずる」「黙って席を立ち，他へ行く」など何らかの行動にうつすと答えた者は，5，6年生の7〜8割にのぼる。しかしながら，「クラスの他の誰かが他の子からいじめられているのを見た」場合の行動については，「『やめろ！』と言って，とめようとする」のは，15〜25％にとどまっている。「いじめ」行為については，自分の信念や価値に従ってその場で忠告をすることが困難であることがうかがわれる。

正義感や公共的精神を身につけるには，大人が言葉だけでなく率先して行動の手本を見せていくことや，子どもが地域活動に参加することによって体験的に学習していくことが有効であろう。地域の大人とふれあい，異年齢の人々との交流のなかでさまざまな体験を通して，社会を構成するメンバーであることの自覚や公共性への意識が育つ。こうした点については，子どもが地域づくりに参画していくための理論と実践を提起したハート（Hart, R.A.）の「子どもの参画★」論を参照していただきたい。

▶5　自己肯定感

　生活世界が広がれば，当然，多くの人間と出会い，そのなかで人間関係の構築に失敗することや，他者から肯定的評価を得られないことも経験する。それらの経験が劣等感やトラウマといった負債となり，子どもの成長を阻害する可能性がある。エリクソンが指摘したのは，そうした劣等感を乗り越え有能感をもつことの重要性である。有能感は，ド・シャーム（deCharms, R.）の言葉を借りれば「指し手（origin）」にあたる。指し手は，自己の運命を支配しているのは自分自身であると感じ，自分の行動の原因を自分自身のなかにあると感じている人である。一方，指し手と対立する概念が「コマ（pawn）」であり，運命の糸は他者に握られていて，自分はあやつり人形にすぎないと感じている人である。子どもが，自分の目標を設定し行動をしたり，将来に対して希望をもったり，他者や社会に対して積極的に関わろうとするのには，こうした有能感が基盤にある。換言すれば，指し手としての自身を評価するという「自己肯定」の感覚である。

　いじめ体験の克服や，学習面でのつまずきの乗り越えにとって重要になるのが，そうした自身に対する誇りや自己肯定の感覚である。負の資産を自己の責任をとりもどすことで自己肯定感は高まり，また自己肯定感があることでさまざまな失敗に対しても克服が可能となる。負債を資産へ転ずるためには，子どもの評価を人柄へと固定化しないことであり，行動を通して成功への再チャレンジの機会を用意し，自らの可能性の拡大に努めることであり，子どもの生活世界や活躍の場を複数もうけることである。世界には多様なものさしがあることを子どもに知らせると同時に，子どもが成長できるように周囲が接していく

ことである。

4節　大人や社会の発達課題

　現代の日本社会に生きる子どもの状況をみると，児童期の学習課題の達成はたやすいものとは言いがたい。しかし，発達資産の視点に立てば，子どもの発達や成長は，個人の内面のみに属するのではなく，周囲との関わりのなかで促進されるものであり，人の発達を「文化的営み」「コミュニティの社会文化的活動への参加のあり方の変容」（ロゴフ，2006）ととらえる見方に近い。とあれば，家庭や学校，地域など児童期の子どもが参加するコミュニティの存在がますます重要な概念となる。子どもは自身を取り巻く社会文化的環境への参加を通じて，またそれに対する周囲の人間の応答を受けて成長していく。そういう意味では，内的資産の形成のためには，外的資産をどう形づくるかという問題もまた重要であり，こうした児童期の学習課題は，大人や社会の発達課題ともなってくる。

推薦図書
- 『生涯学習論』　川野辺敏・立田慶裕（編著）　福村出版　1999年
- 『新しい教育の原理―変動する時代の人間・社会・文化』　今津孝次郎・馬越　徹・早川　操（編著）　名古屋大学出版会　2005年
- 『文化的営みとしての発達―個人，世代，コミュニティ』　ロゴフ，B.（著）／當眞千賀子（訳）　新曜社　2006年

5章　児童のための外的な発達資産と地域づくり

1節　児童期と発達のための資産

　2006（平成18）年10月，茨城県で第18回全国生涯学習フェスティバルが開催された。筆者も参加した。さまざまな発見があったが，なかでも極地探検のブースで南極の氷にふれた時は子どものような気持ちになった。固く重いと思っていた氷は，手に取ってみると意外に軽く気泡が多かった。鼻に近づけにおいも嗅いでみた。小学生たちも次々と喚声をあげながらさわっていた。また，癒しのロボットにもふれることができた。五感の十分な活用が学びにとっては大きいことをあらためて知るよい機会だった。

　本章では，「外的発達資産」という観点から児童期における子どもの発達について，地域づくりを中心に検討する。なお，現代社会は子どもたちの五感の発達を阻害している面が強い。ここではそれも大切な課題としたい。

▶1　児童期の特徴

　まず，児童期についてとらえておこう。児童期は少年期ともよばれ，年齢的には6歳から12歳ぐらいまでとされる。しかし，人生においてこの期間はきわめて大きい意味をもつ。というのも，この時期にどのような発達をするか，どのような力を獲得するかは，その後の人生の基盤となるからである。児童期を前期と後期に分ければ，前期はほぼ小学校1～3年，後期は小学校4～6年にあたり，その後思春期を迎えることになる。つまり，児童期は，学校という組織的な生活に入り，本格的な集団生活を送る段階にあたる。その特徴は，一言でいえば社会関係の力をつける期間といえ，社会的役割を学び，社会のルールや規範などの価値基準を獲得し，社会で生きるための主体的な力を形成する

期間である。児童後期に続く思春期は心理的,社会的に不安定な時期であるが,その時期に向けての準備期間ともいえる時期である。

▶2　「発達の資産」と「資産の発達」

　人間は一生涯発達する存在である。なかでも子どもの成長は著しく,その実現には多くの力が必要である。子どもが成長発達するためには,獲得することが望ましい事柄がたくさんある。それは「発達のための資産」といえる。したがって,子どもがその力を多くもつことは豊かな発達の可能性を高めることになる。しかも,それは個人の発達にとどまらず,他者との関わりにおいても好ましい関係をつくる。さらに,それは地域や社会との関わりにおいてもさまざまな意義のある関係をつくることになる。

　子どもには自ら育つ力がある。その意味で子どもは発達資産を獲得し積み上げていこうとする力,つまり発達力★をもった主体であるといえよう。そして家庭・学校・地域は,子どもの資産の形成のために支援する力（教育力）をもつといえる。子どもたちが発達するうえで,獲得することが望ましい事柄が発達資産であり,「子どもがまわりの世界から受け取る好ましい経験」が外的資産であり,「子どもが社会的力を養成するのを支援したり,期待したり,はたらきかけたりすること」をいう。また,「子どもの好ましい内部成長および発達を反映する特性や行動」が内的資産であり,「社会に関する認識力,自分に関わることを選択する内的な強さ,物事に取り組む力など」をいう。

　発達資産には,「発達の資産」と「資産の発達」の2つの面がある。前者は,子どもは育つために多くの資産を必要とするから,発達するための資産である。後者は,子どもは発達力をもっているから,自己の資産を発達させることである。つまり,「貯める,殖やす,交換する,分ける」といった動的な資産の活用である。その際,子どもたちの主体的な参加の力と自ら伸びようとする力は,資産として大きな意味をもつ。この力をいかに形成するかが児童期の課題となる。

　また,子どもはときに過ちを犯し,つまずくことがある。他者に迷惑をかけることもある。子どもの育ちは直線ではない。その際大切なのは,過ちによってラベリングをするのではなく,自分を変えていく力を引き出すことである。

つまり発達の連続性・可塑性である。資産の積み上げは，この連続性，発展性を豊かなものにする。また，子どもたちの支えとなる家族や友人といった外的資産，自信やルールを守る習慣といった内的資産などの発達資産は，子どもたちをさまざまな問題行動から遠ざける力になる。問題行動を資産の反対の「負債」として固定化するのでなく，問題をもつ自分を変えたいという意欲や自己肯定感が問題性を取り除くためのきっかけととらえれば，そうした行動や経験もまた正の資産になると考えたほうが発達の理解には適っている。

なお，子どもには虐待のように「負としての体験」がある。これについても大切な課題であるので後述したい。

2節　現代社会の子どもたち

▶1　3つの課題と4つの力

子どもの発達にとり大きな影響をもつ現代社会の特質を検討しよう。

第1は大衆消費社会である。子どもたちの生活は消費に満ちている。というよりも子どもたちは大きな市場となっている。そこでは，子どもは子どもである前に消費者としてとらえられている。大人と同じく子どもの欲望も次々に刺激され肥大化されている。消費者として未熟であるがゆえにその家族への影響は大きい。さらに欲望が大きくなり，不安定な思春期は消費社会とどう向き合い賢い消費者となるかが1つの課題である。

第2は高度情報社会である。子どもを取り巻く環境のなかで最も顕著に変化したのは情報環境である。電子メディアのインターネットやケータイはさらに進歩していくだろう。それは，いつでもどこでも速く安く簡単に情報を伝達，受信し発信できることを特質としているが，最大の特徴は，個人と個人が時間と場所の制約なしに，直接対面せずにパーソナルな関係をつくれるという点にある。これにより新しい意識も生まれている。つまり"個人化"という意識である。そこでは，直接的な人と人のつながりの感覚が弱くなる。間接的でこわれやすい対人関係のなかで，視聴覚の感覚だけが使われていくというアンバランスな感情の発達をもたらす。

第3はマニュアル社会である。マニュアルは，それによってだれでもが簡便

に一定の目標を達成することができる型を学べるという長所をもつ。だが、マニュアルへの依存は自ら考える力を育てず、応用がきかない行動パターンも生む。ある状況において、その問題や困難を解決するためには、標準的な知識を状況に生かせる柔軟で実践的な知恵が必要であるが、子どもたちの思考はマニュアル依存にある。マニュアルさえあればどんな問題も解決できると思い込み、それがないときは困惑し、行動できない。マニュアル社会は、実は子どもだけではなく大人の考える力も弱いものにしている。

　以上の傾向はこれからますます強まるであろう。そこでは、次の4つの力が求められてくる。

〈参加力〉

　子どもたちが、ささやかでも生産と創造と労働に参加することである。そのためには、多様な機会と場がつくられることである。そこでは、何よりも自らが取り組むことで主体的な力が獲得される。

〈関係力〉

　人と人との関係において、直接対話の機会を多くつくることである。生身の人間関係におけるコミュニケーション力の形成が電子メディア社会ではとりわけ大切になる。

〈集団力〉

　個人化の意識を克服するには、群れ体験の機会を多くつくることである。集団のなかでもまれることにより、人とぶつかりあっても折れないしなやかな心と実践的な問題解決力や交渉力が育つ。

〈想像力〉

　読書の機会を増やすことである。読書によって言葉の力が育まれ、知識が蓄えられ、人や社会のことを考える想像力が豊かになる。生活が即物的、反射的、視覚的になっているだけに、じっくり文字を追い、想像力を養い、考える力が求められている。

▶2　現代社会が求める発達資産

　発達とは、人間が社会を生きていく力を獲得・形成していく過程であるが、その力のなかには相反する条件から形成されるものもある。次の3つの力は前

述の4つの力をさらに重点化した資産である。現代の子どもたちが児童期に発達資産として獲得したい力である。

(1) 集団のなかで形成する関係力

近年，地域で青少年育成に取り組む人たちから，子どもの育ちについて憂慮する声を聞く。それは他者と関わる力（関係力）についてである。たしかにいま子どもたちの生活にはケータイやインターネットが浸透している。それらは便利であるが，同時にそうしたメディアを人間関係の中心的な手段にしてしまうと大きな問題が生まれてくる。つまり，自分に快適な関係だけをつくり上げるという問題である。そこでは，嫌な相手との関わりから生まれる感情をうまく処理していく力が獲得されないと指摘される。学校のクラスやサークルのなかでも，将来出ていく社会にも嫌な人はいる。むしろそういう人との関係にどう対処できるかが鍵である。そのような対人関係に対処する力は集団のなかでこそ育てられる。

(2) 不足の状況で獲得する力

いま子どもたちは物の豊かさのなかにいる。それが心の育ちを妨げている面がある。物の不足や不便な状況のなかで獲得できる力もある。食生活においても一見豊富な生活をしているようにみえるが，ほんとうに身体を育てる栄養に出合っているだろうか。共同作業の後の充実感と空腹のなかで，五感を鋭くして味わうおいしさに出合っているだろうか。遊びにおいてもゲームは屋内で機械とのひとり遊びであり飽きている。全身を使い，仲間と心踊らせるような楽しい遊びと出合っていない。豊かな生活のなかであえて子どもの集団に不足，不便，不利の状況をつくり，そのなかで助け合い，智恵を出し合う体験はさまざまな力や感動を凝縮して獲得できる機会である。

(3) 自然体験で獲得する力

今日の子どもは，ゲーム，ケータイ，パソコンなど最先端のツールを手に入れている。親のなかにはそれを器用に使うわが子を見て感心する人もいる。しかし，子どもの育ちからすると，まずは自然との十分なかかわりのなかで育てるべき力や感性があり，その後電子メディアなど人工的な機械にふれるほうがよい。というよりも，むしろ自然との関わりで育てた力や感性が基礎となって，機械を使いこなす応用力や判断力となる。もちろん現代の社会では，ケー

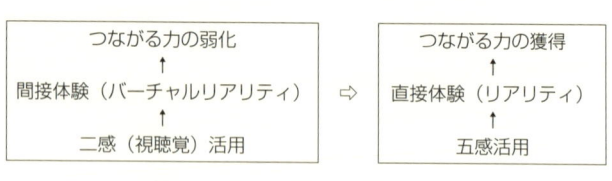

```
つながる力の弱化          つながる力の獲得
    ↑                      ↑
間接体験（バーチャルリアリティ） ⇒ 直接体験（リアリティ）
    ↑                      ↑
二感（視聴覚）活用         五感活用
```

図5-1　二感型人間から五感型人間へ

タイなどの電子メディア機器に問題があってもなくすことはできない。したがって，機械に使われない子ども，自律的な管理のできる子どもを育てなくてはならない。

電子メディアは間接体験（バーチャルリアリティ）の世界をつくる。そこでは，人間の五感のうちの二感，すなわち視覚・聴覚は使うが，味覚・嗅覚・触覚の三感は使わない。ケータイでメールを打つすばやい指の動きも触覚というより機械的反復行為である。これは人間関係に影響を与えるのではないだろうか。1つは，前述のように直接の人間関係が希薄になり，対人関係の力が未発達になることである。今1つは，匂いなどに過敏に反応するようになることである。泥んこ遊びに対する違和感もそうである。これは，将来，親となってから乳幼児の世話など子育てのあり方にも関わっていく事柄のように思う。そこでは，「二感型人間から五感型人間★へ」が発達の課題となる。

3節　発達を阻害する課題と克服のための資産

発達資産は，一般的に獲得が望ましいものと個別の課題に対応するために必要なものとが考えられる。後者について2つの例を述べておこう。

▶1　虐待体験が奪うものと回復に必要なもの

親による被虐待体験は，負の体験として子どもの発達から獲得すべき大切な力を奪っていく。虐待は子どもに否定感情をうえつける。それが思春期には自己嫌悪になり自分を成長させようとする意欲をもてなくする。時にはそれは自傷行為を招く。法務省の調査によると，少年院の収容者には虐待の被害体験者が多い。虐待による疎外感が少年たちを問題行動に追いやるのかもしれない。

自己肯定感のなさは，青年期になると自分は人を愛する資格がないと自分を矮小化する負の力となる。親の虐待は子育てのモデルとして子どものなかに形成され次の世代に受けつがれる。それを修正するのは愛情である。児童養護施設で被虐待児は暴力を再現する。大人を信頼し，大人から十分に愛されるという体験こそ回復の条件であり，新たな子育てモデルとなる。このことは，好ましい発達資産の獲得が問題行動を子どもから遠ざけ，乗り越えさせるということを教えている。

▶2　いじめを乗り越える人権の学習

　学校生活のなかでいじめは大きな問題である。それは，子どもたちの多くの問題の1つというより，学力不振，不登校，リストカット，自殺など多くの問題を生み出す源にある。また，いじめは連鎖性をもつ。いじめられた子はいじめる側に回る。そのためできるだけ早くこの連鎖は断ち切らなくてはならない。いじめの対応には，一つひとつの問題に適切に対応するいわばピンポイントの対応とふだんの取り組みという2つがある。両者は，現実の学校生活にあっては連動し相互に影響し合っている。

　いじめからの救済は，まずいじめられている子どもを救うことであるが，同時にいじめている子どもにも人間の成長という視点に立ってその過ちを気づかせることである。なぜなら，いじめという他者への人権の侵害行為が放置されることは人間としての歪んだ発達をもたらすからである。その予防のためにも生徒集団が力をつけることである。それは，クラスのなかに一人ひとりを大切にする人権尊重の意識と行動を育てることである。ピアカウンセリングやロールプレイ（生徒たちが脚本を書き演じる劇）は人権尊重の意識や行動，態度という発達資産を形成する。その学習のためには生徒たちが主体的に参加するという教材づくりが鍵になる。

4節　子どもの発達資産と地域づくり

　子どもたちの外的資産の形成にあたって，まず地域を中心に考えてみたい。

第2部　児童期の学習

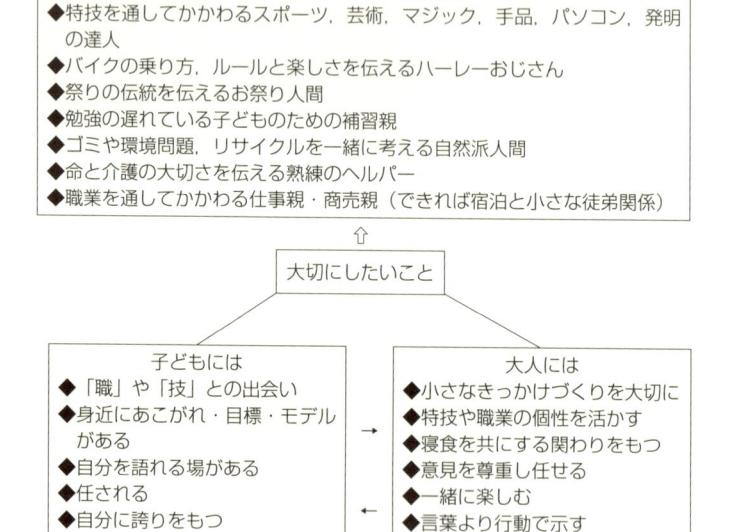

```
                    ┌──────────┐
                    │ 子どもの育ち │
                    └──────────┘
                         ↑
┌─────────────────────────────────────────────────┐
│        たとえば，こんな地域親                        │
│ ◆子どもたちの気持ちを聴くことがうまい聴き上手          │
│ ◆特技を通してかかわるスポーツ，芸術，マジック，手品，パソコン，発明 │
│  の達人                                           │
│ ◆バイクの乗り方，ルールと楽しさを伝えるハーレーおじさん    │
│ ◆祭りの伝統を伝えるお祭り人間                       │
│ ◆勉強の遅れている子どものための補習親                 │
│ ◆ゴミや環境問題，リサイクルを一緒に考える自然派人間     │
│ ◆命と介護の大切さを伝える熟練のヘルパー              │
│ ◆職業を通してかかわる仕事親・商売親（できれば宿泊と小さな徒弟関係）│
└─────────────────────────────────────────────────┘
                         ↑
                  ┌──────────┐
                  │ 大切にしたいこと │
                  └──────────┘
┌────────────────────┐    ┌────────────────────┐
│ 子どもには            │    │ 大人には             │
│ ◆「職」や「技」との出会い │ →  │ ◆小さなきっかけづくりを大切に │
│ ◆身近にあこがれ・目標・モデル │    │ ◆特技や職業の個性を活かす │
│  がある              │    │ ◆寝食を共にする関わりをもつ │
│ ◆自分を語れる場がある  │ ←  │ ◆意見を尊重し任せる    │
│ ◆任される            │    │ ◆一緒に楽しむ         │
│ ◆自分に誇りをもつ     │    │ ◆言葉より行動で示す    │
│ ◆自分たちが挑戦し創造する場面 │    │ ◆第2の親になる        │
│  がある              │    │                     │
└────────────────────┘    └────────────────────┘
```

図5-2　子どもの育ちと地域親（茨城県青少年健全育成審議会，2004より作成）

▶1　子どもの育ちを支える地域親

　地域の人々の特質は，親や教師とは異なり，子どもの見方が多様で緩やかなことにある。その子どもに合ったものさしで子どもたちを受け入れることができる。かつて地域の大人は，後継者の育成という現実的理由から共育てをした。今私たちは，子どもたちのバランスのある成長発達のためにも共育ての知恵を活用しなくてはならない。その実践のキーワードが「地域親★」である。
　地域親の特徴は，地域の大人が地域の子どもたちのことを気にかけ，どんなにささやかでもできるところで関わることにある。多くの大人による多様で小さな関わりが子どもたちの身近にたくさんあることが子どもにとって人的資産の豊かさになる。それは心理的な拠り所でもある。なぜなら，そこで自分は必

要とされている，受け入れられていると感じるからである。だから自己形成ができる。子どもたちは建物に集まるのではない。自分たちのことを親身になって理解しようとする人の心に集まるのである。地域親は，子どもたちが育つ5つの「し」を大切にする。すなわち，①「仕事」という具体的な役割があること，②「しかけ（仕組み）」という力を発揮できる場があること，③「示し（モデル）」という見える目標が身近にあること，④大人からの「承認」という存在の肯定がよい自己評価につながっていること，⑤「親身」になってくれる大人との精神的つながりがあることである。地域の大人の子育てへの関わりは，子どもが大人になった時の市民モデル★でもある。就職・転勤など移動性の多い社会であっても，大人との豊かな関わりのなかで育った子どもたちは，自分が大人になった時，地域の子どもの関わりに参加するだろうし，また地域の生活課題の解決や町づくりに参加することであろう。

▶2　子どもの発達力と地域力

　子どもはいつも保護され教育される存在ではなく発達力をもつ主体である。具体的な役割を担い遂行し，達成感を得，承認され，自己の有用感の確認によって成長していく。

　地域の子育て支援においても子どもに出番がある。中学生なら乳幼児をみることができる。そこでは，子育ての知恵を生かして参加している高齢者とも交流することができる。少子化社会では，異年齢集団において育つ関係をつくる必要がある。いじめにおける相談相手，体験活動でのサポートなど，年下の支援に関わることで高学年の子どもたちが育つ。子どもの安全についても，守られる面と子ども自身が危険回避の力をつけていく面がある。たとえば，暴力や不正な権利の侵害に対して毅然として声を発する訓練を受けること，自分たちが住む町や通学路を点検し安全マップを作成することである。後者は子どもの市民力の形成にもつながる。

　現在は，難しい年頃といわれる思春期への対応も親と教師が中心となっている。とくに男の子への対応に母親は悩んでいる。思春期のエネルギーを社会で受けとめる必要があり，その仕組みが求められている。1つは自立のための実際的な居場所と活動の拠点の存在である。今1つは，子どもたちが自分を発見

できる職業探しのための場づくりである。そこでは，たんに職場を訪問するのではなく，もっと濃密な時間がもてるよう「他人の飯を食う」関係，つまり短期間その職場に住み込む，弟子入りするといった関係づくりが大切になる。

5節　家庭・学校と発達資産

　さらに，家庭と学校の役割について，外的資産の「支援」「エンパワーメント」「規範と期待」「多様な活動の場」という面から，とくに今日そしてこれから求められる事柄を述べていきたい。その際大切なのは，家庭でも学校でも発達資産を重点的な目標にしていくこととその資産形成のための力を集めることである。というのも，現代の子どもを取り巻く問題は複雑であり独力では対応できないからである。

▶1　家庭の役割の優先化

　いま子育てに必要な家庭の役割は，親が実際にできることから優先的に実践することである。そして，そのための社会的支援を工夫することである。親と子の関係は，特別な機会をあらためてつくり教育していくような関係ではない。日常のなかで折にふれて，親の考えや行動を伝え積み重ねていく関係である。

　まず，「身体づくりと心づくり」である。食事は規則正しい生活の基本である。それは脳や心の発達と関係する。栄養士会が行なう親子学習への参加などは職業についてもふれる機会となる。規範意識を形成するには，叱ることとほめることのめりはりのある実践が求められる。「勉強さえできれば」という成績優先の意識は善悪の判断力を後退させる。規範意識の高さは子どもの自己肯定感と関わっている。親との信頼関係ができていると高く，関係が崩れているときは逸脱行為に接近する。子どもが自分に誇りをもち，社会的有用感を得られる出番と役割の付与が必要なゆえんである。

　もう1つの役割は，「生活の実感化★」である。子どもの生活を勉強中心にせず，家の手伝いや家事を分担させ，対話の機会をもち，生活に実体と実感をもたせることである。食卓は子どもがイスに座るだけですべてが用意されるレ

ストランとなっていないだろうか。配膳や食器の後片付けを手伝うことは生活を意識し，自分たちが参加する意味をもたらす。墓参りは命のつながりを感じさせる機会にもなる。また月見など季節の行事は情緒の育成にもつながる。引き出そうと思えば親子が経験を共有し，子どもたちが生活を実感できる機会は生活のなかにたくさんある。

そして，社会性の観点からは「消費と契約に関する法意識の形成」である。法意識といっても難しいことではない。社会はきまりによって成り立っていることを意識することである。高価な品物の購入の際には，物分かりのいい親になるのではなく，子どもが「未成年者契約」を知るよい機会であるととらえ，契約という法律行為と責任についてわかりやすく伝えることである。子どもは将来たんなる消費者になるのではなく，契約の主体者としても育つからである。ケータイの購入では消費者センターや企業に子どもに役立つ危機情報がある。インターネットの利用などについては，親の見えるところで使うなど「わが家のルールづくり」が不可欠である。

▶2　学校の役割の重点化

多忙化する学校教育のなかにも，子どもの発達資産を育てる機会は多くある。しかし，それらは学校だけで行なうのではなく，父母・地域との連携により，より多くの資産が形成できる。生徒が育つために社会の力をじょうずに活用するのもまた教育の知恵である。

まず「共同化」である。いま友だち関係は希薄になっている。そのためには生活を共にする機会が求められる。その際合宿などは有効であろう。さまざまな行事や生活の作業を共同化する。それらはただ助け合うのではなく，作業を通して団結のなかで励まし合い，楽しみもつらさも分かち合う。共通目標をもち，濃密な時間を過ごし，そのなかで人間関係の力が育まれていく。

次に「体験学習」である。知識の学習が多くをしめるなかで，児童期はできるだけ身体全体を使い，五感を活用する体験学習が求められる。体験は情報を吟味し，自分への取り込みを行なう資産となるからである。豊かな直接体験が間接情報をコントロールする力になる。そして「公共の学習」（パブリック教育）である。地域におけるボランティア活動や奉仕活動は，活動と同時に内容

を深める学習機会が必要である。また募金や寄付について話し合うことも大切である。寄付は社会参加の文化である。それは，他者のために意味のあるお金の使い方を考え，力を合わせる連帯＝公共を学ぶことである。地球，環境，世界の子どもなどのテーマに関し，多くの教材がNPOにはある。

　また，資産の現代性という意味では「情報に関する学習」である。現代社会は精神的価値が侵害される危険に満ちている。子どもであっても，というより子どもの時から自分に関する情報が大切なものであること，命に関わるものであることを理解する必要がある。それにより情報についての自己管理の力がつくられる。

　さらに「地域との連携」である。学校は教師と生徒の二者の存在である。対立もしやすい。学校を柔らかく強くするには地域の人々の力を導入することである。地域の大人との関わりは生徒に人間関係力を育む。地域力が学校に入ることは，学校に社会の目が入り，学校が閉じられた場でなくなるということである。教師には市民感覚が生まれ，生徒も多様な大人と出会うことができる。

推薦図書
- 『小学生にボランティア・スピリットを育てる』　上杉賢士・田中雅文（編）　明治図書　1997年
- 『いま，子ども社会に何がおこっているか』　日本子ども社会学会（編）　北大路書房　1999年
- 『迷走する現代と子どもたち』　谷川彰英・無藤　隆・門脇厚司（編）　東京書籍　2000年
- 『子どもと若者の居場所』　久保邦明（編）　萌文社　2000年
- 『子どもの参画』　ハート，R.（著）IPA日本支部（訳）萌文社　2000年
- 『ケータイ・リテラシー』　下田博次　NTT出版　2004年

第3部

青年期の学習

6章 青年期の内的な発達資産と学習課題

1節 青年期の発達課題

　本章では，発達資産の概念が登場する以前に議論されてきた，青年期の発達に関するさまざまな研究について，まずふれてみたい。発達資産の概念はこれらの先行諸研究に基づいて構想されており，発達資産の概念を理解するうえで重要なヒントとなるだろう。

　人間の発達は，心や身体の成長が一定の順序を伴って起こり，停止することなく続く一定の型や規則に基づく連続的な変化である。その発達の過程は必ずしも画一的なものではないが，いくつかのまとまりのある段階に便宜的に分けることができる。発達が進んでいくなかで確認できる主だった特徴を基準にして，発達の過程をいくつかの段階に分けて分類したものを，「発達段階」とよぶ。そのなかで「青年期」とは，第二次性徴の現われ始める児童期と，家庭生活や職業生活の一応の安定をみる成人期の間にある，生理的な成熟と心理的な諸機能の一応の完成をみる時期と考えられている。それぞれの段階まで発達する時期やスピードには大きな個人差があり，一概に年齢と発達段階を対応させることは難しいが，一般的には児童期は6〜12歳くらい，青年期はそれ以後から22歳くらいにあたると考えられており，児童期後期（10〜12歳）と青年期を合わせて思春期とよぶ。

　それぞれの発達段階において，獲得・達成されることが望ましい課題を，ハヴィガーストは「発達課題」とよんだ。彼は，「発達課題」とは「人間が健全で幸福な発達を遂げるために各発達段階で達成しておかなければならない課題」であり，「次の発達段階にスムーズに移行するために，それぞれの発達段階で習得しておくべき課題」のことと述べている（ハヴィガースト，1995）。

表6-1 ハヴィガーストによる青年期の発達課題 (ハヴィガースト, 1995 より作成)

場面	内容
青年期の仲間集団	・同年齢の男女との洗練された新しい交際を学ぶこと ・男性として，また女性としての社会的役割を学ぶこと
独立性の発達	・自分の身体の構造を理解し，身体を有効に使うこと ・両親や他の大人から情緒的に独立すること ・経済的な独立について自信をもつこと ・職業を選択し準備すること ・結婚と家庭生活の準備をすること ・市民として必要な知識と態度を発達させること
人生観の発達	・社会的に責任のある行動を求め，そしてそれを成し遂げること ・行動の指針としての価値や倫理の体系を学ぶこと

そのなかで，ハヴィガーストは青年期の発達課題として，表6-1のようなものをあげている。

ハヴィガーストは，青年期の発達課題としてさまざまなものを列挙しているが，とくに重視しているのは他人との情緒的なつながりをもつコミュニケーション能力と，両親からの精神的・経済的自立である。

心理学者のピアジェは，認知主義の立場から発達を考え，個人のもつ認知的な枠組みである「スキーマ（scheme）」という概念を用いて，人間が外界と心理的にどのように相互作用しあうかを考えた（ピアジェ，1978）。ピアジェの発達論は，内的世界と外的世界の相互作用を中心として考えられており，発達は「内界と外界の同化と調節の作用による均衡化」の過程として定義される（均衡化説）。このなかで「同化」とは，内界にあるスキーマ（認知の枠組み）を用いて，外界にあるものを取り入れる作用，「調節」とは外界の条件や制約に適応する形で内界にあるスキーマを変容させていく心的作用を意味する。

ピアジェは，この「内界と外界の同化と調節の作用による均衡化」の過程によって，人間の青年期までの発達段階を，表6-2のように分類している。

ピアジェの考えた前操作期（2〜7歳）における「自己中心性」とは，「自己と他者の境界線があいまいであり，内界と外界が未分離であるために，自分だけの考えである主観と，他者にも共通する考えである客観の区別がうまくできず，混沌としている状態」のことを意味する。自己中心性を発達的に乗り越えることを「脱中心化」とよび，それは7歳以降の操作期において起こると考えられている。

表 6-2 ピアジェによる発達段階の分類 (波多野, 1965 より作成)

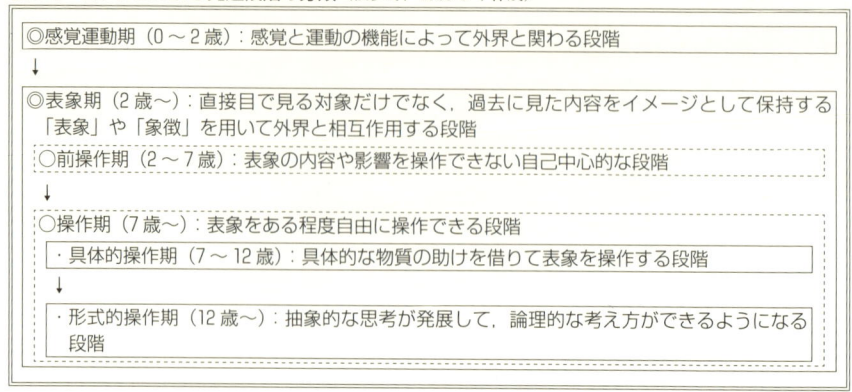

```
◎感覚運動期 (0〜2歳):感覚と運動の機能によって外界と関わる段階
  ↓
◎表象期 (2歳〜):直接目で見る対象だけでなく,過去に見た内容をイメージとして保持する
  「表象」や「象徴」を用いて外界と相互作用する段階
  ○前操作期 (2〜7歳):表象の内容や影響を操作できない自己中心的な段階
  ↓
  ○操作期 (7歳〜):表象をある程度自由に操作できる段階
  ・具体的操作期 (7〜12歳):具体的な物質の助けを借りて表象を操作する段階
    ↓
  ・形式的操作期 (12歳〜):抽象的な思考が発展して,論理的な考え方ができるようになる
    段階
```

　心理学者のエリクソンは,性的欲動であるリビドーの発達とその快感を受け取る身体部位の変化によって発達を考えるフロイドの「心理性的発達論」の影響を受け,さらに社会的に達成すべき発達段階という観点から発達をとらえて独自の人格の発達論を完成させた。

　エリクソンは,人間の一生涯の発達を8つの段階に分け,パーソナリティの発達は,それぞれの段階の発達課題を乗り越えながら順序に従って少しずつ進んでいくという,生涯発達論を提唱した (エリクソン, 1973)。そのなかで青年期とは,社会的責任や義務を免除されるなかで,自由な「役割実験」を通して,社会における自己のあるべき場所を発見する期間であるとし,この社会が「猶予」を与える時期を,「心理社会的モラトリアム★」と名づけた。心理社会的モラトリアムは,人間の正常なライフサイクルのなかに与えられたものであり,青年期は社会のなかで自分自身を定義するという,アイデンティティ★(自己同一性) の確立時期ととらえた。

　しかし,青年期の発達課題であるアイデンティティの確立とは,簡単なことではない。「自分とは何か」という問いの答えを見つけるという作業は,自分自身を批判の対象とすることであり,その過程で自己否定や自信喪失といった,さまざまな情緒的な混乱が起こってくる。青年期のモラトリアムを有効利用することができず,社会のなかでの自分の役割を見つけることができない状態を,エリクソンは「同一性の拡散」とよんだ。そのような青年の特徴とし

て，①過剰な同一性の意識，②選択の回避と麻痺，③対人関係の距離の失調，④時間的展望の拡散，⑤勤勉さの拡散，⑥否定的同一性の選択，などがあげられている。

以上のように，人間の発達を正しく理解するためには，心理面だけでも1つの視点からはとらえきれず，人格，知能，言語，運動，社会性，価値観など非常に多角的視点が必要となる。人間は一生を通じて連続的に変化し続ける。その過程には個人差があるが，一定の共通する特徴もあると心理学では考え，共通の特徴や法則性を探って発達心理学の理論が構築されてきたのである。

2節　青年期の内的な発達資産

前節で概観したさまざまな発達段階論を参考に，青年期の内的な発達資産の概念について検討していきたい。

アメリカのNPOであるサーチ・インスティチュートは，青年期の内的な発達資産として，表6-3のような20項目をあげている。

青年期の内的な発達資産として，4つのタイプがあるなかで，まず「学習への参加」については，学校との関わりが中心になっていることがわかる。発達資産の概念がつくられたアメリカでは，高等学校までの義務教育制度となっているが，日本においては中学校までの義務教育制度であるという違いがある。また，年齢では22歳くらいまでが青年期にあたるため，中学校や高等学校の卒業後，進学を選択しない青年の場合に，このタイプの発達資産をあてはめていくことが困難になってくる。そもそも学校教育制度に対応させて人間の発達段階を分類することに困難があるのだが，発達資産の概念を日本でよりよく活用していくためには，生涯学習的な視点に基づいて，青年期の「学習への参加」における内的な発達資産を構想していくことが重要であろう。

「肯定的な価値観」については，さまざまな研究者が論じた発達課題と，多くの共通点がみられる。ハヴィガーストによる青年の発達課題と比較すると，「平等と社会的正義」「責任感」などの発達資産は，「人生観の発達」の場面に現れる「社会的に責任のある行動を求め，そしてそれを成し遂げる」という課題と共通している。「高潔さ」「正直」「自制心」などの発達資産は，「行動の

表6-3 青年期の内的な発達資産

資産タイプ	資産名	定義
学習への参加	学業へのやる気	学校での学習にやる気がある。
	学校への参加	学校での学習に積極的に参加する。
	家庭での学習	家庭で毎日少なくとも1時間は学習する。
	学校との結びつき	学校に関心がある。
	楽しみのための読書	週に3時間以上は楽しく読書をする。
肯定的な価値観	思いやり	他者の援助に高い価値を置く。
	平等と社会的正義	平等の促進や飢え・貧困の撲滅に高い価値を置く。
	高潔さ	信念に基づいて行動し信念を守る。
	正直	困難なときにも真実を言う。
	責任感	個人の責任を自覚し全うする。
	自制心	性的行為の乱れやアルコール・ドラッグの使用を固く拒否する。
社会的な能力	計画力と判断力	計画や選択の仕方を知っている。
	対人関係の構築能力	共感力・感受性・友人をつくる技術をもつ。
	文化的能力	異なる文化的・人種的・民族的背景をもつ人々を理解し受け入れる。
	抵抗する技術	好ましくない仲間からのプレッシャーや危険な状況に抵抗できる。
	争いの平和的な解決力	争いを非暴力的に解決できる。
肯定的なアイデンティティ	自己統制力	身の回りで起こることを自分で制御できる。
	自尊心	高い自尊心をもつ。
	目的の感覚	自分の人生には目的があると感じる。
	自己の将来に関する展望	自分の将来を楽観視できる。

指針としての価値や倫理の体系を学ぶ」という課題と共通している。発達課題と発達資産の相違点は，前者はそれにぶつかり，乗り越えていくことでクリアするステージであるというイメージであるのに対して，後者は積み重ねていくことによってより健全な成長がうながされるという，力の蓄積による持続的な成長をより強くイメージしたものであることであろう。また，「思いやり」や「平等と社会的正義」の発達資産は，ピアジェのいう青年期における「脱中心化」の段階にいたってはじめて獲得できる発達資産であるといえる。

「社会的な能力」に含まれる「対人関係の構築能力」や「文化的能力」の発達資産は，「思いやり」や「平等と社会的正義」と同様に脱中心化の段階にいたって獲得されるものであろう。また，「計画力と判断力」や「文化的能力」

「争いの平和的な解決力」の発達資産は，「人生観の発達」の場面における発達課題と共通しているし，「対人関係の構築能力」や「文化的能力」「抵抗する技術」といった発達資産は，「青年期の仲間集団」の場面での発達課題と共通しているといえる。

「肯定的なアイデンティティ」については，エリクソンによる青年期におけるアイデンティティの確立と多くの共通点がある。

以上のように，青年期の内的な発達資産の概念は，それ以前に議論されてきた発達段階の概念を，青年期のさまざまな現実的，現代的な状況にあてはめて，より総合的で累積的な視点からとらえなおしたものといえるであろう。

3節　ニート，ひきこもり問題と発達資産

現代の日本において，青年期の発達上の課題として，ニートやひきこもりという現象が，大きな社会問題として取り上げられている。

「ニート」とは，イギリスで労働政策上の分類として生まれた言葉であり，「Not in Employment, Education or Training（仕事についておらず，教育も受けておらず，職業訓練を受けているわけでもない人）」の頭文字をとり，NEETと表記される。イギリスでは16歳から18歳までの若者をさす言葉であったが，日本では独自の定義がなされ，「15歳から34歳の若年層」となっている。内閣府の青少年の就労に関する研究会の中間報告（内閣府，2005）によると，現在日本では80万人を超えるニートが存在すると推計されている。（厚生労働省の『労働経済白書』（厚生労働省，2005）では，統計方法とニートの定義の違いにより，64万人と推計されている。）

また，「ひきこもり」とは言葉通り，自分の家，自分の部屋に閉じこもって，ほとんど外に出て活動することのない人のことである。精神病理学者の斉藤は，ひきこもりを「20代前半までに問題化し，6ヶ月以上，自宅に引きこもって社会参加をしない状態が続いており，他の精神障害がその第一の原因とは考えにくいもの」と定義し，開発途上国であるタイにも，先進国であるフランスにもみられない，日本独特の社会現象であると述べた（斉藤，1998）。その数はニートよりも多く，100万人を超えるともいわれている。

第3部　青年期の学習

　なぜこのような問題が日本社会において顕著に起こっているのか。さまざまな論者がさまざまな視点からこれについて説明している。教育制度学者の桑原は，ニートを，「現代の若者の，さまざまな側面での意欲衰弱および『キレる』現象と同根をなす」ものであり，「人間性そのものの衰弱であり，単に『勉学，就業，職業訓練』の領域に限らず，全ての活動領域で人間ならではの生き方ができにくくなることを意味する」現象であるとみる（桑原，2006）。桑原はニート問題解決のために必要な教育制度改革の1つとして，「『自立期待社会』の実現のために，学齢期後期から成年までのすべての青少年に『おとな準備教育』を義務としよう」と呼びかけている。この発想はつまり，現在の日本の学校制度において，小学校，中学校，高等学校，さらには大学へと進学したとしても，青年期に必要とされる内的な発達資産が蓄積されないという現状を認識したものといえる。教育の場が，社会生活に必要な「知識」を身につける場ではあっても，「人間性」を身につける場ではなくなっている，ということである。そのため，桑原は「一定年齢がきたら『おとな準備期』（＝新しい中等教育）を設定し，おとなに期待される自立を全ての青年に習得させる」ことの必要を訴えているのである。

　労働政策研究者である小杉は，「学校から職業生活への移行が困難になる中で，増加しているのが，若年失業者であり，ニートである」として，労働政策の観点から，ニート問題を分析する（小杉，2005）。小杉は，若年失業者とニートに共通する特徴として，「学歴が低いほど，年齢が若いほどなりやすい状況」であることを指摘し，その背景として「正社員としての労働力需要が一定年齢以上の高学歴者に集まる傾向が強まっていること」と，「日本型雇用慣行と一体である新規学卒就職の枠が縮小していること」をあげている。このような移行が困難な若者たちの状況のパターンを，小杉は表6-4のようにまとめている。

　表6-4をみてみると，ニートの問題が発生する要因として，個々の青年の内的な要因，外的な要因，および青年を取り巻く社会構造が複雑に絡まっていることがわかる。現在の日本社会において，青年の内的な発達資産が順調に蓄積されたからといって，ニート問題が改善されるとは言いがたいのである。

　また，ひきこもりは，一般に①統合失調症や気分障害などの精神疾患，②中

表 6-4 移行が困難な若者たちの状況のパターン化 (小杉, 2005)

困難状況のキーワード	労働市場	学校	家庭	社会等
刹那を生きる	高校への求人が少ない／友達の誘いでアルバイト・アルバイトはお金のため／労働力需要に対して低いエンプロイアビリティ	学校は消極的な居場所／高校中退／遅刻欠席・学業不振／学校の就職斡旋に乗れない	厳しい家計状況／親の子どもへの関心が低い／朝起きられない／基本的生活習慣の未確立	地域の友達との関係が密だが閉じている。他の地域にはでていかない／やりたいことは特にない／友達もみな同じような進路／遊ぶ金のためにアルバイト
つながりを失う	学卒就職プロセスに乗れない／正社員就業の経験がなく履歴書に書きにくい／就労への希望はあるが、社会的関係の構築に課題	友人関係など、人間関係の形成に失敗／学校の就職斡旋に乗れない	親の転勤が多い家庭であったケースも	学校契機の友人関係はほとんどない／就職後に何らかのトラブルで離職して、そのまま社会との関係が縮小してしまうケースも／人と話さない生活がさらに対人能力を低下させ就職できない悪循環も
立ちすくむ	大卒時点で就職活動はするものの、キャリアの方向付けができず限定的な活動／志望の絞り込みすぎ	キャリア志向なく高等教育に進学／専門教育の職業的レリバレンスなし／大学の就職支援活用も限定的	大学が当然という家計／親は教育達成に関心が高い／自己実現思考にも理解をもつことが多い	皆がするから就職活動というのではなく、自分の課題として取り組んだ／親には申し訳ないという気持ちが強い
自信を失う	就職するが要求される水準の仕事がこなせず早期離職／迷惑をかけないために短期のアルバイト／2浪2留などで年齢が高いため就職をあきらめるケースも	専門教育の職業的レリバレンスなし／大学の就職支援を活用	大学が当然という家計／親は教育達成に関心が高い	心身ともに疲れた状態、次の仕事はゆっくり探したい
機会を待つ	高校への求人が少ない／地域経済の衰退		就職のため親元を離れることは希望しない	地元志向が強い

等度以上の発達障害★，③社会的ひきこもりの3つに，大きく分類される。とくに社会的ひきこもりが，青年期の内的な発達と関係が深い。

　教育評論家の尾木は，学生の間に多く起こっているひきこもりの原因の1つに「コミュニケーション不全」をあげ，「インターネットやケータイメールを中心とした日常生活におけるITの進行は，バーチャリズムを加速させ，学生の対人恐怖傾向を強めている」と警告する（尾木，2005）。また，ひきこもり家庭の課題として，「一見恵まれたように見える家庭環境がひきこもりを生み，彼らを生きづらくさせているという側面」を指摘する。ひきこもりに対する教育的課題としては，「今日の学校においては，『学力低下』批判と『説明責任』の要求によって，……『成果主義』が大流行を見せている。……大人には反抗しながら自立を求め，その反作用として友達への依存を強めつつ自立を遂げるという思春期特有の複雑な心の発達を支えるには，数値に頼る『成果主義』は，あまりにも適さない」ことを指摘する。

　心理学者で精神科医の小此木は，外の社会から自分の家へひきこもる「外的なひきこもり」に加え，「内的なひきこもり」があるという（小此木，2000）。個々の人々がそれぞれの内面にひきこもり，しかも「内的な引きこもりは，人にうまく順応し世の中と調子を合わせてやっていくむしろ滑らかな適応方法」であり，「内的引きこもりの心性と互いに同調しあって，メディア，携帯，そしてネットへの引きこもりの時代が到来」したことを指摘する。現代社会における適応パターンの代表的なものは，周囲との摩擦や意見の対立を起こすことを避け，見かけ上その場であたかも周囲と同調しながら適応していくことであり，この同調性による適応機能が破綻すると，病的なひきこもりに陥るのだとする。

　ニートやひきこもりの問題において，青年期の内的な発達資産のうち，「社会的な能力」や「肯定的なアイデンティティ」の蓄積の不全に，1つの原因があることは疑いようがない。しかし，これらの問題は，日本においては高い学歴を獲得した者の間にも多く起こっている。つまり「学習への参加」という資産が蓄積されてもなお，起こってくる問題であり，また，ニートやひきこもりの若者たちが「肯定的な価値観」をもっていないとも一概にいえない。発達資産は，内的・外的な資産を含めた，すべてのタイプの資産が偏りなく蓄積され

ることが必要であり，またそのような教育制度，社会制度の構築があわせて必要であることを示している。

4節　青年期の発達資産と生涯学習

　現代の日本における青年期の内的な発達の問題として，前節で述べたニート問題やひきこもり問題のように，青年に「学習への参加」や，「責任感」「計画力と判断力」や，「対人関係の構築能力」「肯定的なアイデンティティ」といった発達資産が十分に蓄積されていないことがあげられる。このような状況に対し，近年では学校教育において，青年の「生きる力★」や「人間力」の向上を求める声が年々高まっている。

　また，青年の倫理感の欠如やモラルの低下が叫ばれるなか，2006年には教育基本法が戦後初めて改正されるなど，教育において大きな変革が求められている。倫理観の欠如やモラルの低下は，「肯定的な価値観」や「抵抗する技術」「争いの平和な解決力」といった発達資産が十分に蓄積されていない結果といえるであろう。

　法学・経済学者の広井は，現代日本の青年の状況について，「以前の時代に比べて，広い意味で『子ども』と呼べる時代が大幅に長くなり，……いわば『前期子ども』，『後期子ども』とでもいうような区分が可能な状況となっている。この場合，『前期子ども』とは，概ね思春期（＝性成熟年齢）したがって15歳前後までを指し，『後期子ども』とは，それ以降，高校，大学等をへて，30歳前後までを含むものである」と指摘する（広井，2006）。このような状況のなかで，広井は「20代は自立に向けての試行錯誤の時期として，少し大きな目で見るような視点が必要」であるとする。

　広井の考えによれば，現代の日本においては「青年期」の枠組みそのもの，さらには「青年」の概念までをも考え直さなければならない，ということになる。これまでのように，学校制度を基準とした発達段階の分類では，もはや現代の青年の心理的な病理に対応することはできなくなってきている。

　さらに重要なのは，一度社会からドロップ・アウトしてしまった青年に対するエンパワーメント★（力づけ）の問題である。ニートやひきこもりのような

77

社会への不適応の問題のみならず，社会的に逸脱した行為，つまり非行を犯し，それが習慣づいてしまった青年を，いかに更生させ，倫理的に安全なレベルで社会に引き戻すかという問題は，古くから重要な教育上の課題であった。

臨床心理学者の森は，非行少年の内的な課題として，「悩む力」が育っていないことをあげる（森，2002）。非行少年に限らず，現代青年の一般的な傾向として，「自分の問題や人づきあいについて葛藤することが苦痛で，なるべく早く解決しようとする。悩むことに価値をおかず，表面的な対応を心がける。それがうまくいかないとパニックになり，ときには暴力的になる。あるいは対人関係を回避しようとする」と指摘し，現代青年における「不安保持能力」の弱さ，「葛藤保持能力」ともいうべき内的な力の乏しさを警告している。

また，非行が習慣化した青年の場合，社会倫理から逸脱した行為に対し，ある種の偏向した価値観を置くことが多い。ごくわかりやすい例でいえば，未成年が「タバコを吸うことがかっこいい」と考えるような場合である。発達資産が，人間の健全な形成のための指標であるならば，このような逸脱行為を身につけていくことは，「資産」に対する「負債」であるといえよう。

発達資産の概念の有効な活用を考えるならば，同時にこのような発達上の「負債」を抱えた人々に対し，その「負債」を返済したり資産に転換したり，あるいは新たに健全で有用な「資産」を形成していくための教育システムも考えていかなければなるまい。そのためには，学校制度だけでなく，家庭や社会の広い視点から教育をとらえ直す必要があること，そのための外的な発達資産の重要性は，言うまでもない。

アメリカで生まれた発達資産の概念を，そのまま日本の社会に適用させていくことはもちろん不可能であるし，ましてや発達資産の蓄積のみで青少年の健全な育成を図ることは，理想論にすぎない。より現実的にこの概念を活用していくためには，現代の日本社会のさまざまな社会的病理の背景を検討し，その実情に合わせて発達資産の内容を整理，充実させていくことが欠かせない。また，発達資産の枠組みの基礎となっている，人間の発達段階の枠組みそのものをも，現状に対応させて柔軟にとらえていかなければならない。

これらの課題に対し，重要な意味をもってくるのが，固定化した学校制度に対してより柔軟な視点で人間の発達・形成をとらえることができる，生涯学習

の視点である。学校教育と家庭・地域社会の連携をめざす「学社連携」，非行を犯した青少年に対する「矯正教育」，一度社会に出た成人が再び学校に戻り教育を受ける「リカレント教育」や新たなキャリア教育など，生涯学習は現代社会の問題に対応したさまざまな視点をもち，学習機会を提供していくことができる。これらの視点に，青年期の発達資産の概念を取り入れれば，現代の青年全体のエンパワーメントのために，生涯学習のシステムをより生かしていくことができるであろう。

推薦図書
- 『アイデンティティ』　エリクソン，E. H.（著）／岩瀬庸理（訳）　金沢文庫　1973年
- 『人間の発達課題と教育』　ハヴィガースト，R. J.（著）／荘司雅子（監訳）　玉川大学出版部　1995年
- 『社会的引きこもり』　斉藤環　PHP新書　1998年
- 『ニート―フリーターでもなく失業者でもなく』　玄田有史・曲沼美恵　幻冬舎　2004年

7章　青年の社会参加と外的な発達資産

1節　青年の社会的自立のために

　グローバル化，情報化，少子化の進展，産業構造・就業構造の変化，知識基盤社会への移行など激しく変化する社会において，また，経済的に豊かな時代において，社会的に自立した人として求められるものは，以前とは異なっている。こういう変化の激しい時代は，大人自身も変化への対応に追われ，生きていくことに夢中で余裕がなくなっており，不安に駆られ自信を喪失する者も多くなるし，精神的疾患に陥る者も増えている。こうした状況のなかでは若者が社会的に自立するのも難しい時代になっているといえよう。

　教育の視点でみると，親は子どもにこういう人間に成長してほしいといった自分の教育的な信念からではなく，安心して受けられる教育を求めている。幼児期から大学進学に有利な国立・私立学校を受験させる，あるいは，目的なしにインターナショナルスクールに入学させるなどがそれである。また，子どもや学校をみる尺度は，相変わらず単一のペーパーテストの成績や有名大学への進学率といったもので，子ども自身の能力や適性がどのように育っているか，将来の夢は何か，社会的自立の意欲が育っているかなどを自分の目で見ようとはしない。社会に出れば，出身学校や学歴よりも個人の能力が評価される時代になっているといっても，そうした実社会の動きを見ようとはしない親がまだ多いのが現状であろう。こういう環境のなかで，子どもたちは目標を大学入試に置き，大学入試に成功してもその先の目標をもたないことが多い。その結果，自分にひきこもり，自然な人間関係を築けないといったことも生じている。

　こういう現状をふまえ，青少年の社会性を高めるとともに，社会的に自立す

るために必要な経験などをできるように，家庭・地域・学校が協力していくことが求められている。その協力をより効果的に行なうために発達資産という概念はきわめて有効であろう。

　話がそれるが，最近，教育の場に経済用語が用いられてきている。競争，選択，目標達成度評価，アカウンタビリティ（説明責任）などがそれである。こうした傾向に嫌悪感を抱く教育関係者も少なくない。「資産」という言葉もそういう意味で経済用語であり，不快に感じる人もいる。しかし，よき友だちは一生の宝，子どもに残せる財産は教育，というように教育界でも従来より経済的な比喩は用いられている。経済的な比喩を使用することが，大切なものについての共通理解を深めるうえで有効であり，また実践的な概念であることを考慮すれば，経済的用語を使うことにも意味があろう。

　「発達資産」は，発達段階に応じて獲得することが望ましいとされる事柄であり，資産を積み上げることが発達にとって有効であることがアメリカ，カナダで実証されている。資産積み上げ方式の基本原則は，次の6つである。

① あらゆる青少年が資産を必要としている。
② 関係がカギを握る。
③ だれでも資産を築くことができる。
④ 資産の積み上げは，進行過程にある。
⑤ 首尾一貫したメッセージの発信が肝要である。
⑥ 重複と繰り返しが必要である。

　発達資産は，青少年全員に必要不可欠な基本要素となる概念であり，より多くの資産を獲得するほど青少年は好ましい健全な発達をする見込みが高くなる。また，資産が多い人ほど，他者を助けたり，違いを大切にしたり，リーダーシップを発揮したりする自らの資産となった能力をますます高めようとするし，その個人の豊かな発達の可能性も高めていく。しかし，発達資産がないから，少ないからといって，健全な発達の見込みがないというわけではない。困難な環境，すなわち発達資産が少ない状況からでも，立派に社会人として活躍している人は多い。だが，発達資産が豊かであるほどに，健全な発達はより

行なわれやすく，それを私的にではなく公的に提供しようと考えるのである。

資産は，固定したものだけではなく増えたり減ったりと流動的なものもある。人的資産は関係性の上に成り立つことから，常に変わりうるものである。たとえば，よき友人も自分が成長とともに変化するように常に成長し変化している。相談できる学校の教員や地域の大人も転勤などでいなくなることがある。

また，文化により資産は異なる。文化は歴史的に形づくられたその社会の価値を含み，意味の根元である。たとえば，アメリカのモデルでは宗教的なコミュニティが外的資産の1つとしてあげられているが，わが国では宗教的な情操の涵養の重要性が指摘されることはあっても，宗教的コミュニティに加わることは求められない。しかしながら，日本とアメリカの文化に共通のものも多い。したがって，アメリカの発達資産という考え方は日本の発達資産を考えるうえで大いに参考となる。

さらに，時代や社会を超えたいわば不易の発達資産と，時代や社会の変化に応じて求められる流行の発達資産があると考えられることから，発達資産の内容は時代に応じて適宜見直される必要があろう。

この章では，青年の現状をまず考えて，次に社会的自立にとって重要な就業先となる企業の求める人材像などを検討し，外的な発達資産を中心に考えていこう。

2節　青年の現状

「平成16年度　青少年の社会的自立に関する意識調査」（総務省，2005）から現在のわが国の青年の現状をみてみよう。なお，同調査は15〜30歳の男女7,500人を対象に行なったものであるが（うち有効回収数4,091人），ここでは青年を18歳以上ととらえている。

(1)　職業生活

最後の学校を卒業または中退した直後に，すぐに就職した（アルバイト・パート・家業手伝いを含む）者は，高い年齢層ほどその率が高い（図7-1）。このことは，就職状況の悪さを考慮しても，中退後や卒業後の就職を考慮しない者が若者に増えているということがいえよう。社会人としての経済的自立に

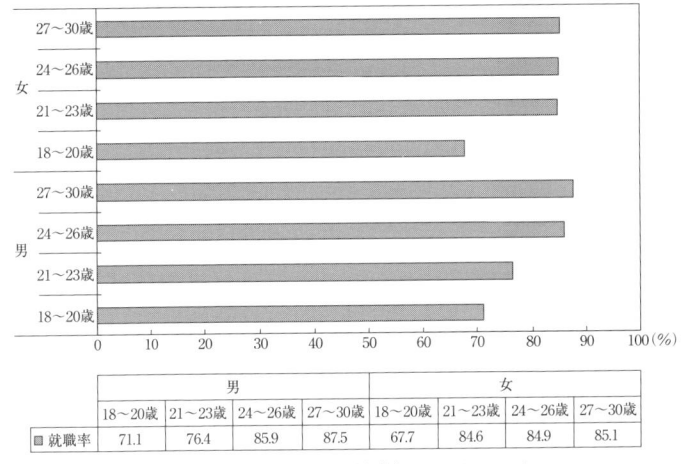

図7-1 学校卒業直後の就職率 (総務省, 2005)

	男				女			
	18〜20歳	21〜23歳	24〜26歳	27〜30歳	18〜20歳	21〜23歳	24〜26歳	27〜30歳
就職率	71.1	76.4	85.9	87.5	67.7	84.6	84.9	85.1

ついて真剣に考えない者が増えているということである。

(2) 初めて就いた職業の継続期間と離職の理由

初めて就いた職業の継続期間をみると,男女とも1年以内にやめる者が若年層ほど多い(図7-2)。また,初めて就いた職業を離職した理由は,「賃金が低いから」よりも「仕事が合わないまたはつまらない」「人間関係がよくないから」をあげる者が各年齢層で多い。こうした短期離職は,また,その理由から職業のミスマッチともいわれているが,キャリア形成につながらないことから社会問題となっている。

(3) 社会で成功する要因

社会で成功するのに重要なものとして,「個人の努力」(約6割),「個人の才能」(約5割)をあげる者が多い。しかし,逆に自分が努力しても社会での成功はおぼつかないと考える者が約4割,才能があっても社会で成功しないと考えている者が約5割いるといえる。「運やチャンス」をあげる者は約3割いることから,自分からはたらきかけて道を切り開こうとする意欲に欠ける者も多いということがいえよう。

(4) 関心事

男女各年齢層ともに8割強が「身近な人間関係を大切にしている」をあげて

第3部　青年期の学習

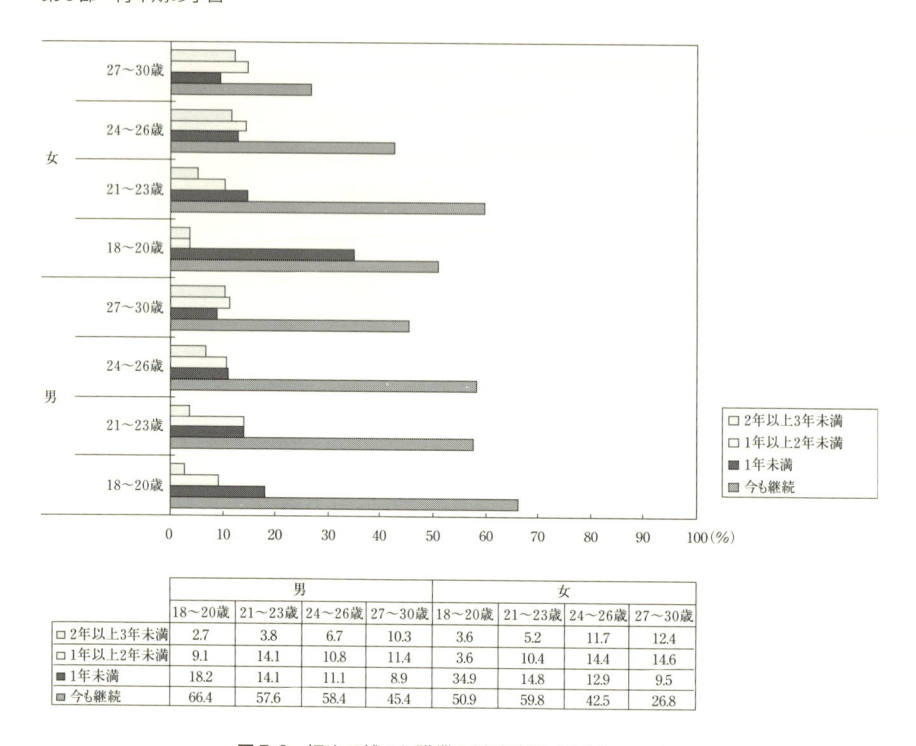

	男				女			
	18～20歳	21～23歳	24～26歳	27～30歳	18～20歳	21～23歳	24～26歳	27～30歳
□ 2年以上3年未満	2.7	3.8	6.7	10.3	3.6	5.2	11.7	12.4
□ 1年以上2年未満	9.1	14.1	10.8	11.4	3.6	10.4	14.4	14.6
■ 1年未満	18.2	14.1	11.1	8.9	34.9	14.8	12.9	9.5
▨ 今も継続	66.4	57.6	58.4	45.4	50.9	59.8	42.5	26.8

図 7-2　初めて就いた職業の継続時間（総務省，2005）

おり，それに比して「社会で問題になっていること」や「世界情勢や国際問題」「地域や社会に役立ちたい」などについての関心は低い。

(5)　**社会問題**

　日本の社会問題として各年齢層の3割以上が指摘したものは，「貧しい人と豊かな人の差が大きい」「学歴によって人生が決まってしまう」「定職についていないと信用されない」である。他に3割以上の指摘があったものは，男性で「若者が仕事について学ぶ機会が少ない」，女性で「女性が不利な目にあうことが多い」である。最近指摘される格差社会の問題が最も高い数値であり，これまでいわれていた学歴社会（学校歴社会），ニートの問題，女性差別の問題も重要な社会問題としてとらえられているといえる。

(6)　**人生観**

　男性では，18～20歳では「学校を卒業したら，できるだけ早く就職して親

から経済的に自立すべきだ」とするものが最も多く，次いで「年齢よりも実績によって給与を決められるほうがよい」となっているが，21〜23歳ではその逆となっている。24〜26歳，27〜30歳では，「年齢よりも実績によって給与を決められるほうがよい」が最も高く，次いで「収入に恵まれなくても自分のやりたい仕事をしたい」となっている。

女性では，18〜20歳，21〜23歳では「学校を卒業したら，できるだけ早く就職して親から経済的に自立すべきだ」とするものが最も多く，次いで「収入に恵まれなくても自分のやりたい仕事をしたい」となっている。24〜26歳では，「年齢よりも実績によって給与を決められるほうがよい」とするものが最も多く，次いで「収入に恵まれなくても自分のやりたい仕事をしたい」がそれに次いでいる。だが，27〜30歳では「収入に恵まれなくても自分のやりたい仕事をしたい」が最も多く，次いで「年齢よりも実績によって給与を決められるほうがよい」となって，その順位が入れかわっている。

「将来について夢をもっている」「努力をすれば満足できる地位や収入は得られるものだ」「自分の将来について楽観的なイメージをもっている」は，男女とも年齢階層が上がるにつれ低くなっている。

なお，夢を実現するために「行なっていることがある」という者の割合は，年齢階層が上がるにつれ低くなっているが，27〜30歳でみれば男性で7割弱，女性で約6割が「行なっている」という。

(7) 自己意識

①大人を自覚した機会

「まだ大人になったとは感じていない」者は，男女とも18〜20歳で5割弱，21〜23歳で約2割，24〜26歳で約1割，27〜30歳で0.5割となっている。大人を自覚した機会は，「職業生活のスタート」が最も多い。

② 自己意識

男性では「人と比べて心配性なほうである」と「何か仕事をするときは自信を持ってやるほうである」が多く，各年齢層でそれぞれほぼ同じ割合の4割強みられる。女性では「人と比べて心配性なほうである」という回答は年齢層が上がるにつれ減少するが，27〜30歳でも4割強みられる。一方，「何か仕事をするときは自信を持ってやるほうである」は年齢層が上がるにつれ回答率が

増えるが，27〜30歳でもまだ4割弱となっている。

3節　青年期の課題

　豊かな時代になり，青少年期を通じて「社会的自立」を支援することがきわめて重要な課題となっている。それは，フリーターやニートの増加など「社会的自立」への意欲を欠く青少年が多いことなどによるものである。
　こうした意欲に欠ける青少年について，「青少年の意欲を高め，心と体の相伴った成長を促す方策について（中間まとめ）」（平成18年9月28日，中央教育審議会）では，以下のような理念的分類を行なっている。

(1) 基礎的な体力の低下や不足
　ア　基礎的な体力が十分に培われていないため，意欲を持てなかったり思考や行動に集中できなかったりして，持続力もない状態
(2) 青少年の価値観等と社会的期待との相違
　イ　将来に向けて学習したり努力したりすることに希望や価値を見出せないため，学習や努力に対する意欲を持てない状態
　ウ　意欲や行動が社会的に認められた方向に向かっていないため，その意欲や行動が評価されない状態
　エ　意欲の対象が自己完結しているなど，他者との関わりや社会との関わりの中で達しようとする目標を持てないため，意欲や行動が評価されない状態
(3) 意欲から行動に移る段階でのつまずき
　オ　意欲を持っているが，行動することへの負担感が大きいなどの理由により，意欲を実現するための行動に移せず，行動する前にあきらめている状態
　カ　意欲を持っており行動しようとする，あるいはすでに行動し始めているが，適切な手段・方法がわからずに迷っている状態
　キ　意欲を持っておりすでに行動したが，失敗したこと等による徒労感，絶望感から抜け出せず，改めて挑戦する意欲を持って行動できない状態

同中間まとめでは，このような意欲を欠く状態から意欲的な状態に向かうために，①自己を客観視できる力の育成，②正しい生活習慣，運動習慣の下での充足感のある生活，③納得のいく豊かな人生のための努力と向上心，④実社会との関わりを通じた価値観や判断基準の体得，⑤目的達成に必要な手段・方法の体験を通じた学習，⑥身近なモデルの存在，の6つの事柄が必要だとしている。

このような教育課題に対して，社会的自立の大きな鍵である就職という視点から，企業が求める人材像をみると次のようである。

「主体的なキャリア形成の必要性と支援のあり方―組織と個人の視点のマッチング」((社)日本経済団体連合会，2006)によれば，「若年者の価値観や職業観が多様化している今日，企業は採用してから組織のニーズに合わせて育てるということではなく，組織のニーズに同調した人の中から最適な人材を選んで採用し，育成・活用する姿勢が必要になっている」とし，「今，企業が求める人材像として，最低限必要な要素は，コミュニケーション能力，主体性，環境適応力といっても過言ではないといえるだろう」としている。また，「21世紀に生き抜く次世代育成のための提言―多様性，競争・評価を基本にさらなる改革の推進を―」((社)日本経済団体連合会，2004)では，「①志と心：社会の一員としての規範を備え，物事に責任を持って取り組むことのできる力，②行動力：情報の収集や，交渉，調整などを通じて困難を克服しながら目標を達成する力，③知力：深く物事を探求し考え抜く力の3つを備えた人材を求めている。3つの力の内容は表7-1のとおりである。

表7-1 3つの力

志と心	行動力	知力
人間性，倫理観	実行力	基礎学力
社会性	コミュニケーション能力	論理的な思考力
職業観	情報収集力	戦略的な思考力
責任感	プレゼンテーション能力	専門性
仕事に対する意識の高さ	シミュレーション能力	独創性
国際協調の意識	ネットワーク力	
	異文化理解能力	

表7-2 学生時代に身につけてほしい能力（日本経済団体連合会，2004）

	一般常識・専門知識	対人関係能力	自己開発能力	問題解決能力
文・理系共通	生活をする上での常識（正しい日本語，マナー） 専門分野の知識	コミュニケーション能力（会話力・感受性）	社会人になるにあたっての夢や目標	論理性（筋道をつけた話し方）
文系		チームワーク（集団の中での役割意識，行動力）	ポジティブ思考，へこたれない強い心（根性）	国語力（行間を読む力）
理系			粘り強さ	数学力（数量的分析力） 改善意識，発想力

また，学生時代に身につけてほしい能力として次のものをあげている（表7-2）。

このように企業の求める人材像と意欲に欠ける青少年のギャップは大きいものがある。このギャップを埋めることが青年期の大きな課題といえる。

4節　青年期の外的発達資産の形成

これまでみてきたような現状と課題などをふまえると，青年期の主要課題は，青年が社会的に自立することであり，学校，家庭，地域，企業など社会の全体で支援すべきものであるといえよう。

ここでは，青年の社会的自立を支援するという視点で，外的な発達資産（青年がまわりの世界から受け取る好ましい経験）を考察する。考察に当たっては，国立教育政策研究所社会教育実践研究センターの『平成17年度　社会教育事業の開発・展開に関する調査研究事業　子どもの成長過程における発達資産についての調査研究報告書』が子ども（小学生）の成長過程における発達資産（試案）として20の外的な発達資産を提案しているので，それをベースに青年期の場合について考察する。なお，同報告書でも，子どもの発達には段階があり，各段階にはその時期に獲得されることがふさわしいものがあるとし，青年期には，就業し，社会的に自立することが課題であるとしている。

社会的自立に向けた外的資産を試みにあげながら（表7-3），社会的自立を支援する観点から発達資産を考え，そのなかでも青年の多様な社会参加の機会

表 7-3 青年期の外的な発達資産

項目	発達資産（青年期）	定義
支援	家族の高度な支援	家族は，青年期の不安と悩みを理解するとともに，社会状況などを理解し，幅広い視野から支援する。
	肯定的な家族コミュニケーション	社会・地域・家庭・学校における諸課題について，それらの形成者との一員として，肯定的なコミュニケーションを行なう。
	他の大人との関係	両親以外の大人が，不安や悩みについて相談にのる，社会での生き方についてアドバイスをするなどの支援をする。
	隣人へのケア	隣人の世話をするなどの経験をする。
	学校によるケアと学校環境のケア	学校は，確実に知識・技術を身につけさせるとともに，社会や職業に関する情報を提供する。
	保護者の地域活動への協力	保護者は，学校や地域の活動のなかで成功するように，積極的に協力している。
エンパワーメント（役割）	地域社会の評価	地域社会の大人が若者を評価していることを察知する。
	若者の活用	若者たちは地域社会で有用な役割を与えられる。
	他者への奉仕	奉仕活動（ボランティア活動）などを通じ継続的に地域社会に貢献する。
	安全	学校や地域は安全だと感じる。
規範と期待	家族の規範	家族には明確なルールがあり，ルールを破ったときには適切に責任を負わせる。また，若者の行動を知っている。
	学校の規範	学校は明確なルールがあり，ルールを破ったときには適切に責任を負わせる。また，若者の行動を知っている。
	近隣地域の規範	地域の人々は若者の行動について知っており，悪い行動については注意を与える。また，保護者に行動を知らせる。
	大人の役割モデル	親や他の大人たちは肯定的で，責任ある行動のモデルとなる。
	肯定的な仲間の影響	親友は責任ある行動のモデルとなる。
	高い期待	親や教師はともに，若者が成功するために激励する。
多様な活動の場	創造的な活動	家庭・地域・学校が，音楽，演劇，その他の創造的活動の機会を提供する。
	青年向けプログラム	家庭・地域・学校が，課外活動やスポーツなどのプログラムを提供する。
	自然や生命とのふれあい	家庭・地域・学校が，長期自然体験活動などの機会を提供する。
	職業とのふれあい	学校や地域・企業は，社会体験，職業体験（インターンシップ）の機会を提供する。

の提供が，社会的自立をうながすうえで重要なことを指摘したい。

　学校における成功（学業成就）は，学習の目的が不明確ではおぼつかないし，意欲もわかない。よく指摘されることは，日本の学校での学びは高校入試や大学入試に合格するためといった手段的学習であって，知ることを楽しむ，学ぶことを楽しむといった目的的学習ではないということである。手段的学習が，社会において生きていくために必要な知識や技術を習得するといった観点での学習であれば，それは必要なことであり，望ましいことである。そして手段的学習が，目的的学習に発展するならばさらに望ましいことである。高校入試や大学入試のための手段的学習から，生きていくうえで必要なものを身につけるための手段的学習や目的的学習に転換するには，学びと社会生活の関係に自らが気づくことが大切である。そのためには，ボランティア活動や職業体験などの社会参加がきわめて重要である。学校における学びの意味を理解し，学びを社会のなかでどう生かしていくかを知るうえで，社会参加は非常に効果的である。そして，それは生涯学習へのモチベーションを高める。

　社会参加を通じて，いろいろな人と出会い，その人たちの多様な職業生活や生き方などを知り，また，社会の変化の動向，社会における価値や社会をつくり上げるために必要な個人の責任，人間関係の重要性などを知ることができる。いわば社会を垣間見ることによって将来の自分の職業生活や人生設計をするうえでの参考とすることができる。

　また，社会参加は，与えられたプログラムだけでなく自ら主体的に行なうことが望ましい。学校の教育活動としてだけでなく，自らが積極的に参加することができるための教育的仕組みが必要である。大学では，サービスラーニング★ということでボランティア活動を積極的に単位として認定する大学も増えているし，インターンシップ★をカリキュラムに取り入れる大学も増えてきている。

　さらにカリキュラムをキャリア教育の視点から見直す大学も出てきている。企業もインターンシップの場を提供している。こうした社会との関わり，職業との関わりを促進する動きがさらに広がることを期待したい。

　また，各地にあるボランティアセンターなどは，積極的に学生や無職の若者の参加をうながし，学生・若者の主体的な活動希望を生かせる多様な場を開拓

し，幅広い視点からコーディネートする必要があろう。そのためには，福祉関係，教育関係などのボランティアセンター間の広いネットワークの形成が必要である。

　社会参加の促進上の課題は，大人がそのモデルとなりうるかである。今，社会は激しく変化している。経済のグローバル化のなかで国際競争が激しくなり，大企業といえども安定した経営が行なえない。多くの企業は競争に勝つため，人件費をいかに低く抑えるかという視点から正規雇用職員の採用を控え，パートや派遣職員の雇用を拡大してきた。個人からみれば，安定した収入の就業が困難となり，キャリア形成につながらない時間を過ごすことになる。また，正規雇用職員となっても常に自己の雇用の継続化が図られるように自らの能力を高めるように自己啓発を続けなければならない状況におかれている。その結果，企業でも個人でも勝ち負けがはっきりし，格差が広がっているといわれる。

　青年の意識調査でも不安をもつ率が高いのは，そうした社会状況のなかで固定した成人や職業人のイメージモデルをもてず，また，自分に自信をもてず，自分の将来像を描くことができないでいるからであろう。青年の社会参加は促進されねばならないが，具体的で実現可能な夢や希望を抱けるプログラムが必要だろう。そして，主体的に社会を形成する一員として行動しようとする意欲を高めるヒントや指導，学習の機会が提供される必要がある。そのためには，社会参加もただすればいいのではなく，具体的な行動目標や学習目標を設定して資格や技能など目に見える成果を得られるように配慮したい。たとえば，地域間格差が拡大し地方は弱っているといわれる。各地でまちづくりがさかんに行なわれているが，そうしたところでは大人が職業人や地域人のモデルとしての役割を果たし，実際の地域づくりに青年を積極的に参加させることが大切である。そして，青年が果たすべき役割を与え，目標を達成できるよう支援することが望まれる。

　わが国では，ややもすれば学校に何もかも責任を押し付けてしまう傾向がある。国立教育政策研究所の先の報告書が家庭・学校・地域の発達力という概念を使っているが，それぞれ子どもの成長発達に責任をもち行動するということが，家庭・学校・地域の発達をうながすことを指摘したい。結婚して子どもを

もつ親は，子どもを通して地域社会に開かれるし，子どものよりよき成長を願って地域社会をよりよくしようと地域活動に参加する。地域社会はそうした活動を通して経済活動以外のつながりをもち，横の連帯をつくる。学校は，教育の専門機関として子どもの成長発達を支援する。職場もまた，学習組織論に代表されるような学習の文化を育み，次世代の職業人を育てる必要があろう。こうした取り組みが，家庭・学校・地域や職場社会の発達力を高めるといえよう。

　発達資産という考えは，実践的な概念である。内的資産は青少年の発達の状況をみる指標として使用することができるし，外的資産は青少年が置かれている環境をみる指標として使用できる。そして，青年の社会的自立に向けて家庭・地域・学校や社会が支援すべき目標として使用することもできる。また，行政が施策を考えるうえでも大いに役立つものとなるだろう。今後は，このような全体を包括する発達的な視点をもって，家庭・学校・地域や社会がそれぞれに果たす役割と協力の仕方を具体的に明らかにし，実践的に青年の社会的自立を支援することが今まで以上に求められている。

推薦図書

- 『シリーズ人間の発達12　日本人のしつけと教育』東　洋　東京大学出版会　1994年
- 『大人になることのむずかしさ　青年期の課題（新装版）』河合隼雄　岩波書店　1996年
- 『豊かな体験が青少年を育てる』伊藤俊夫（編）　財団法人全日本社会教育連合会　2003年
- 『変化する時代の社会教育』伊藤俊夫（編）　財団法人全日本社会教育連合会　2004年
- 『日本を滅ぼす教育論議』岡本薫　講談社現代新書　2006年

第 4 部

成人期の学習

8章 成人期の内的な発達資産と学習課題

1節 成人期を取り巻く新たな状況

　一般に，成人期（22歳～60歳）は，幼児期や青年期とは異なり，就職，結婚，出産と子育て，出世と昇進，退職，老父母の介護など，人生の重要な出来事や転機を経験する時期である。価値観や生き方が多様化している現代社会では，この成人期を取り巻く新たな状況が出現しつつある。

　たとえば，近年，終身雇用制度の崩壊，不況や不祥事による企業の経営破綻，ワーキングプア（働く貧困層）の拡大などを背景として雇用不安が増している。また，離婚率の上昇，経済・生活問題や勤務問題にともなう自殺者の増加，合計特殊出生率の低下といった社会問題がその深刻さを増している[注1]。さらに，国際化の時代を迎えて，企業の海外進出や外国人労働者が増加し，異文化との交流も盛んになりつつあり，多様な価値観と向きあわねばならない。また，加速化する技術の進歩は，学校卒業後も継続的な学習の必要を職業人に求めている。

　成人期は，これらさまざまな危機や不安定性を内包した状況のなかで，自己実現や人生の幸福に結びつくような出来事や課題と真剣に向き合う時期である。

　以上のような現状認識をもとに，本章では成人期の学習課題と内的な発達資産について，生涯発達心理学，成人の学習論，キャリア研究★などの知見を参考にしながら考察を進める。なお，成人期には，企業人，保護者，フリーター，社会人学生，高度専門職業人など多様な学習者層が存在するが，各学習者層についての詳細な議論は控えて，本章ではそれらをひと括りにして「成人」と表記して考えていくことにする。

2節　成人期の学習課題と内的な発達資産

▶1　学習課題

　まず，学習課題について簡単に整理しておこう。学習課題とは，社会教育や生涯学習における学習プログラムの企画・立案の基礎となる学習者の要求や課題の総称である。表8-1のように，学習課題は必要課題と要求課題に区別することができる（土井，1994）。

　必要課題とは，学習者自身は必ずしもその学習の必要性を自覚していないかもしれないが，現代社会の構成員として，またその社会の存続のために求められる学習課題である（必要課題はさらに発達課題と社会的課題に分けられる）。一方，要求課題とは，人々が暮らしのなかで直接的，個人的な興味・関心から，学習への動機づけをもたらす学習課題であり，原則的には，家庭生活や職業生活あるいは余暇など個人生活のさまざまな局面から生じるきわめて個人的な要求に基づく学習課題である（要求課題はさらに生活課題と地域課題に分けられる）。

　学習課題のなかで，本章における考察対象となるのは，成人の好ましい内部成長・発達を反映する特性や行動を意味する，成人期の内的な発達資産であるから，以下では発達課題と生活課題を中心に検討を進めていこう。

表8-1　学習課題の分類（土井，1994 より作成）

学習課題	必要課題	発達課題（個人的）	乳幼児期から高齢期までの人間の発達の順次性やライフサイクルの変化に応じて生起する課題の解決のための課題
		社会的課題（社会的）	現在ないし将来の社会がその成員に要求する課題，あるいは個人が社会に適応し貢献していくための課題（人口過剰，資源・エネルギー問題，食糧問題，安全保障，環境問題，失業問題など）
	要求課題	生活課題（個人的）	家庭や職業での生活，生活の様式や嗜好，衣・食・住・健康，社会変動の生活への影響などについての，学習者たちの関心事や諸課題
		地域課題（社会的）	その地域の固有の特性や問題を把握して，それらの活用や解決に向けて学習していくための課題（自然，言語，文化，歴史，産業，政治，教育，健康，人々の動きや連帯など）

▶ 2　成人期の発達課題論とその限界

　成人期の発達課題の研究をこれまで主に展開してきたのは，生涯発達心理学という研究領域である。生涯発達心理学の基本的仮説は，①人はいくつになっても成長・発達する，②人の生涯発達は安定期と移行期からなるサイクルを形成している，③発達段階に応じて存在する発達課題をクリアすると人間として一皮むける，というものである（金井，2002，p.204）。

　発達課題論の先駆者であるハヴィガーストによれば，「発達課題は，人生の一定の時期あるいはその前後に生じる課題であり，それをうまく達成することが幸福とそれ以後の課題の達成を可能にし，他方，失敗は社会からの非難と不幸をまねき，それ以後の課題の達成を困難にする」（ハヴィガースト，1997，p.3）。このような認識のもと，ハヴィガーストは成人の各時期の発達課題をあげている（表8-2）。

　各段階の発達課題がうまく達成されると個人の幸福や社会的承認がもたらされるのに対して，発達課題が達成されない場合，個人の不幸や社会からの否認がもたらされ，後の発達課題の遂行に支障をきたすという仮説は，漸成的発達段階説を唱えたエリクソンや，成人期の発達段階に焦点化したレヴィンソン

表8-2　ハヴィガーストによる成人期の発達課題（ハヴィガースト，1997より作成）

A　早期成人期（18〜30歳）の課題
①配偶者の選択
②配偶者と暮らすことの学習
③家庭をつくる
④育児
⑤家の管理
⑥職業の開始
⑦市民としての責任をひきうける
⑧気心の合う社交集団を見つける
B　中年期（30〜60歳）の課題
①10代の子どもが責任を果たせる幸せな大人になるよう援助する
②大人としての社会的な責任，市民としての責任を果たす
③職業生活で満足のいく地歩を築き，それを維持する
④大人の余暇活動をつくり上げる
⑤自分を1人の人間として配偶者に関係づける
⑥中年期の生理学的変化の受容とそれへの適応
⑦老いてゆく親への適応

(Levinson, D.J.) にも共通する。これらの古典的な発達課題論は、「幼児期の段階が基礎になり、一定の発達段階をへて進歩し、完成態に到達することが『発達』であるととらえるものであり、『到達』『上昇』『進歩』『成功』をめざす一方向的な発達観」に立脚している（やまだ，2000，p.11）。

しかし、一方向的（単線的）モデルに立脚した発達観に対しては、次のような限界や問題点が指摘されている。①生涯にわたって発達課題を提示され、それを消化していかなければ標準的で幸福な人生を送ることはできないという脅迫的イメージがあること（赤尾，1998，p.30），②各段階の連続性が当然視されることから、不連続な発展を遂げる個人は例外視・無視されること（天野，1990，p.12），③欧米のライフサイクルに基づく議論は、七五三や成人式などの人生儀礼と初詣やお盆などの年中行事の組み合わせによって意識されている日本人のライフサイクル観とは趣が異なること（香川，2002，pp.19-20），④人々のライフスタイルの多様化・個性化にともない、年齢をもとに算出される結婚「適齢期」や就職年齢という概念が希薄化し、人々はそれらに必ずしも敏感ではないこと（赤尾，1998，p.50），である。

▶3 家族のライフサイクルと危機

続いて、成人期の生活課題について検討するために、家族のライフサイクルに目を向けてみよう。家族という集団（共同体）では、夫婦や子どもといった各家族成員が個別のライフサイクルをもっているが、家族それ自体を1つの有機体とみてその変遷をとらえようとする家族ライフサイクルの研究がある。

1970年代頃の家族ライフサイクルに関する代表的な研究（表8-3）では、結婚から始まり、子どもの誕生と成長、子どもの自立を経て、老年夫婦になり、親のつとめを終えるまでの段階が、危機や課題とともに描かれている。結婚して家庭をもつことや、子育てをすることは、子どもの発達経験だけでなく、親にとっての発達経験でもある。ただし、家族のライフサイクルに関するこれらの研究が、1970年代の安定した家族観を前提に行なわれたことを考えれば、先の古典的な発達課題論の研究と同様に、一方向的な発達観という限界を同様に抱えているものと思われる。

また、現在の家族は、ひと昔前の安定的な社会環境で前提とされていた家族

表8-3 2つの代表的な研究による家族のライフサイクル（鑪, 1990, pp.11-12）

ラパポート（Rappaport,R.）の研究		ロジャース（Rodgers,S.L.）の研究（括弧内は危機と課題）	
第1段階	結婚	第1段階	結婚から子の出生まで（親密性をうる／それに失敗し理想化ないし幻滅）
第2段階	第1子の誕生に伴う夫婦均衡の変化	第2段階	子の出生から末子の入学まで（養育すること／内的な屈折）
第3段階	子どもの成長，就学による家族と社会の境界の動揺	第3段階	子が小学校に通う家族（家族成員の個性化／偽りの相互性による組織化）
第4段階	思春期・青年期における子どものアイデンティティの危機	第4段階	10代の子をもつ家族（友好的であること／孤立化）
第5段階	子どもの離脱と親の祖父母化	第5段階	子どもが家族から離脱する時期（家族内の再編成／束縛するか，追放して突き放す）
第6段階	親たちの老年夫婦としての諸問題	第6段階	親のつとめを終える（1）（夫婦関係の再発見／落胆）
		第7段階	親のつとめを終える（2）（相互の扶助／無用者意識）

観ではとらえきれない多様性と複雑性を有している[注2]。社会学者の山田（2004）によれば，近代社会における家族とは，長期的に信頼できる関係性，つまり心の拠り所（＝絆の感覚）を意味する。前近代社会の宗教や共同体，一族などの親族集団やイエなど人々に絆の感覚をもたらしていたものが失われつつある近代社会では，身近な人間関係である家族に絆の感覚を求めざるをえない。したがって，近代社会では，家族が経済的に1つの共同体となり，共同で危機（リスク）処理をして互いに守り合うものと認知されている（山田，2004, pp.129-156）。

ところが，現代のわが国の家族は次のような危機（リスク）を抱えている。すなわち，経済基盤が整わぬうちに子どもを生む危機（フリーターどうしのできちゃった婚），収入の不安定化や一家の稼ぎ手が失業・廃業する危機（リストラや倒産や過労死），子どもが犯罪者・被犯罪者となる危機（悪質な非行），子どもが自立しない危機（ひきこもりやニート），親が要介護者になる危機（痴呆）などである。

こうして，リスクから人々を守るはずの家族という集団自体がリスクとなり，自分の生活を守るために家族を切り捨てざるをえない状況が生まれる。そ

の結果，離婚，子どもや要介護者の遺棄，保険金目当ての自殺が起こると山田は分析している。これらのリスクはどんな家族にも起こる可能性があるため，表8-3に示したような家族のライフサイクルの段階に加えて，多様な家族のリスクを成人期の学習課題として認識しておくことも重要になる。

▶ 4 学習課題を克服するための基盤的な能力としての発達資産

ここまで概観してきた成人期の学習課題（発達課題と生活課題）には，どちらも現代的な課題が山積している。発達資産は，これら学習課題を克服するための基盤的な能力といえる。本章で検討の対象とする成人期の内的な発達資産（＝成人の好ましい内部成長・発達を反映する特性や行動）には，次のようなものがある（Scale & Leffert, 1999, pp.3-4）。

① 学習への参加（達成動機づけ，学ぶ楽しさ，職業や娯楽のための読書）
② 肯定的な価値観（思いやりと社会的正義感，誠実さ，責任感，健康意識，自制心）
③ 社会的コンピテンシー★（計画化と意思決定，対人関係能力，異文化理解力，拒否する力，平和的な対立解決）
④ 肯定的なアイデンティティ（自己統制力，自尊感情，目的意識，希望や将来の展望）

これらの発達資産は，幼児期から青年期を経るなかで，すでになんらかのかたちで獲得・形成されている。成人期は，これまでに獲得・形成してきた発達資産を，より自律的・主体的に高めて磨いていく時期と位置づけることができる。

成人期にこうした内的な発達資産を高める必要性としては，たとえば，①職務のため（キャリア発達，職務遂行能力，課題解決能力など），②家族のため（子育て，夫婦生活，高齢者介護など），③自己実現のため（健康，幸福な人生，余暇や趣味の充実，生きがい，心の豊かさなど）といった理由があげられる。これらは相互に関連しあっているが，このうち家族については，外的な発達資産の内容と重複するため，本章では主に職務と自己実現に注目して成人期

の内的な発達資産を高めるために必要な視点について考えてみたい。

3節　成人期の発達資産を高める視点

▶1　職務遂行能力を高める——キャリア発達とコンピテンシー

まず，成人期の内的な発達資産である「社会的コンピテンシー」と「肯定的な価値観」と関わって，職務遂行能力やキャリア研究の視点をみていこう。

現在わが国では，景気の低迷や厳しい雇用状況を背景として，成人の離職率の高まりが問題になっている。そこで，どんな職業に就いても共通に必要とされる基礎的な職務遂行能力を，個人の自助努力で形成・獲得する必要性が叫ばれている。雇用可能性（employability）とよばれるその能力は，職業的（進路）発達にかかわる諸能力（文部科学省，2003年）や社会人基礎力（経済産業省，2006年）や若年者就職基礎能力（厚生労働省，2006年；表8-4）と共通する要素をもっている。これらの能力を形成・獲得することは，現代社会における成人期の新しい学習課題の1つとみてよいだろう。

たとえば，厚生労働省は，企業が若年者に求める具体的な能力を浮き彫りにするために行なった実態調査から，若年者就職基礎能力モデルを構築した。若年者就職基礎能力は，コミュニケーション能力，職業人意識，基礎学力，ビジネスマナー，資格取得からなり，それぞれ複数の意識または能力の細目がある。内的な発達資産との関わりでいえば，コミュニケーション能力は「社会的

表8-4　**厚生労働省の若年者就職基礎能力**（厚生労働省，2006より作成）

就職基礎能力	意識または能力の細目
コミュニケーション能力	傾聴する姿勢，双方向の円滑なコミュニケーション，意見集約，情報伝達，意見の主張，相手の尊重，組織・人間関係，明確な説明，図表等を用いた表現
職業人意識	社会人・職業人としての社会的役割と責任，組織秩序の維持，主体性，達成指向，目標設定，職業観・勤労観
基礎学力	読み書き（ビジネス文書の作成と読解），計算・計数・数学的思考力，社会人として必要な常識
ビジネスマナー	あいさつと話し方，電話のマナー，訪問の方法，来客の対応，話し方の基本，言葉遣い，話の聞き方，指示の受け方
資格取得	情報技術関係，経理・財務関係，語学力関係

コンピテンシー」に，職業人意識は「肯定的な価値観」におおよそ対応していると思われる。

雇用可能性をより掘り下げて理解するときに参考になる概念がコンピテンシーである。コンピテンシーとは「ある状況または職務で高い業績をもたらす類型化された行動特性」（太田，1999）である。一般にコンピテンシーは，図8-1のように，①動機，使命感，②特性，性格，③自己概念（価値観，信念など），④態度，⑤技能，⑥知識を通り抜けて成果を達成する行動のことである（太田，1999）。コンピテンシーの考えに従えば，知識や能力は保有しているだけでは意味がなく，それが実際の職務遂行の成果につながってこそ意味がある。成果につながる職務遂行能力を高めるために，いかに意義ある経験をキャリアとして積み重ねていくかが，成人期の重要な課題となるだろう。

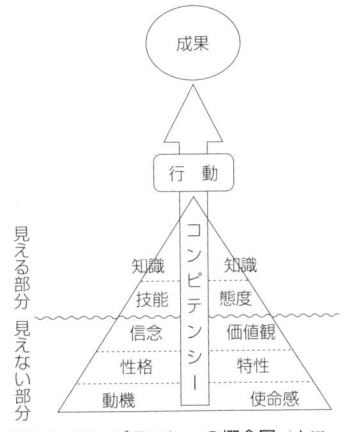

図8-1　コンピテンシーの概念図（太田，1999を一部修正）

成人のキャリア発達において注目すべき概念が，メンタリング★である。メンタリングとは，メンター（年長の成熟した支援者・指導者）がプロテジェ（未成熟者，経験の浅い者）に対して，実践面・精神面での援助的指導を提供することである。メンタリングは，「人は意義ある他者との関係性を通じて発達していく」というテーゼを基盤としており，「人々の中に自信と自尊感情を芽生えさせ，職業人としてのアイデンティティを醸成し，コンピテンスの獲得とキャリア上の成功をもたらす」（久村・渡辺，2003，p.37）ものである。

久村と渡辺（2003）のキャリア発達とメンタリングの研究では，表8-5のように，プロテジェからメンターへの発達段階と発達課題が描かれている。

現在わが国では，団塊の世代の大量退職にともなって，組織が伝統的に培ってきた知識・技術の喪失をめぐる議論が展開されている。この点とかかわって，表8-5のなかでもとくに注目したいのが，メンターの発達課題としてあげられる「次世代の育成と世代間継承」である。メンターにとっての課題は，自分が所属する部門や組織の能力を維持・発展させるよう，自らの培ってきた知

表8-5 キャリア発達課題とメンタリングとの関連性 （久村・渡辺, 2003, p.42）

初期キャリア段階 プロテジェ 達成すべき発達課題	中期キャリア段階 プロテジェからメンターへ 達成すべき発達課題	後期キャリア段階 メンター 達成すべき発達課題
1. リアリティショックの克服 ・自己と組織の要求との調整 ・日常業務への適応 ・職場の文化・規範の受容 ・服務規定の受け入れ 2. 職務遂行能力の獲得と向上 ・キャリア発達に必要な能力の形成	1. 専門性の確立 ・職務遂行基準の形成 ・専門分野や仕事の意味の再吟味	1. 自己能力の維持と開発 ・専門的能力の深化 ・技術的有能性の確保 2. 対人関係能力の維持 ・若い意欲的なマネージャーへの対応
3. 組織社会化への適応 ・組織メンバーとしての承認獲得 ・良好な職場内の人間関係の構築 ・有能な部下となること	2. メンターとしての役割の受容	3. 年長者としてのメンター／リーダー役割の確立
4. リアリティ・ショックに伴う不安, 幻滅感, 及び初職での成功・失敗に伴う感情処理	3. 職業人としてのアイデンティティの確立 ・独立感, 有能感の確立 4. 長期キャリア計画の形成 ・キャリアアンカーの自覚 ・適性の再吟味 5. 中期キャリア段階に潜むストレスの克服	4. 次世代の育成と世代間継承

識や経験やスキル（形式知だけでなく，微妙な勘やコツ，人脈などの暗黙知的な側面を含む）を次世代に伝達・継承していくことにある。

　しかし，現代では，「背中をみて盗め」式の指導方法は通用しづらくなっているし，すべての人がよきメンターと巡り合い，発達支援的な関係を結べるとは限らない。だからこそ，プロテジェにとっては，よきメンターとなる熟達者を意識的・積極的に見つけて，自分の苦悩や失敗を相談すること，メンターとなるべく多くの時間や場を共有する機会をつくること，メンター自身の成功体験や失敗談を引き出して，職務上の勘やコツや考え方を盗み，模倣し，実践し，自分なりの技に磨きあげていく姿勢と意欲をもつことなどが課題となろう。

　その一方で，現代人（とくに若い世代）は，簡単に他者軽視・軽蔑をする行

動や認知にともなって，瞬時に本人が感じる「自分は他人に比べてエライ，有能だ」という習慣的な感覚，いわば「仮想的有能観」が高いという指摘がある（速水，2006, p.6）。そのため，メンターが自分の職務上の価値・信念や被教育体験を絶対的に正当化する指導方法で次世代育成を行なった場合，次世代との意識のズレから機能不全を起こして葛藤を抱える可能性がある。メンターは，柔軟な他者理解力やコミュニケーション能力を形成しながら，次世代育成につながる指導方法の開発に知恵を絞っていく必要があるだろう。プロテジェの成長と発達は，プロテジェ自身の喜びや自信となるにとどまらず，メンターにとっても，人に教えることや人を育てることの喜びや自信となって結実するはずである。

▶2 認識枠組みや思考前提を問いなおす学習論──ダブルループ学習

続いて，「学習への参加」と関わって成人の学習論の視点をみてみよう。成人期の「学習への参加」は，幼児期から青年期にかけて獲得・形成されてきた「学習への参加」とは，性質（力点や焦点）の異なる学習観に基づいて理解する必要がある。なぜなら，社会教育や生涯学習の領域では，成人期の学習論として，学習者が自己主導的に学習をコントロールする能力を高めることをめざす「自己主導型学習（self-directed learning）」や学習者が批判的省察を通じて自らの認識枠組みを変えていく「意識変容学習（transformative learning）」などの意義が紹介されているからである。とりわけ，「意識変容学習」では，生物学的・社会的な学習課題の克服よりも，認識枠組み（スキーマ）や思考前提が学習により変容するプロセスにこそ成人発達の源泉があるとされる。

　成人が，従来の自らの経験を認識・解釈する中で生成された認識枠組みをもって，新しい環境に入り新たな経験をする場合，従来の認識枠組みでは対応しきれないことがしばしば起こる。これが葛藤や矛盾などの不均衡状態である。それを乗り越えるために，成人は，これまでの認識枠組みを，新たな諸条件や課題に合わせて，修正し，再構築しようとする。このエネルギーこそが，成人の発達を促す機動力になる。（渡邊，2002, p.44）

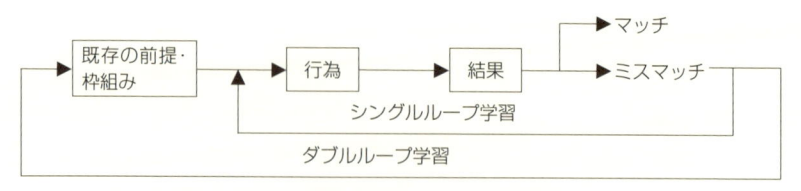

図8-2 シングルループ学習とダブルループ学習 (Argyris, 1999より作成)

　この見解をより図式的に理解するために，シングルループ学習とダブルループ学習という考え方にふれたい（図8-2）。この学習モデルによれば，学習者が「なぜうまくいかないのか」という問いに直面した場合に，2つの学習がある。シングルループ学習では，既存の認識枠組みや思考前提を自明視したままで，誤りや矛盾を修正することに関心を向ける。そのため，学習が過去の成功体験の絶対視や失敗体験の正当化，つまりたんに既存の認識枠組みを再強化するにとどまる可能性がある。これに対して，ダブルループ学習は，既存の認識枠組みや思考前提そのものを問い直して吟味し，再構築することに関心を向ける。ダブルループ学習では，自己の失敗や他者からの批判は発達のための好機であり，それらに対して防衛的になるのではなく，謙虚かつ真摯に学習する開かれた思考や態度こそが大切になる[注3]。

　現在の一般企業（ビジネス）の世界では，「失敗は成功への近道である」「失敗に寛容たれ」「失敗は世界で最高の芸術の1つである」というように，仕事上の失敗を将来の成功へのプロセスとして意味づけ，失敗の創造的な価値や可能性を個人や組織の成長・発達に積極的に活用しようとする動向がある（Hargreaves, 2003, p.35）。不確実性が高く変化の激しい社会では，過去の成功体験への固執や前例踏襲主義に陥るのではなく，創造性や変革可能性を探求することのほうが重要性を帯びる。ダブルループ学習は，認識枠組みや思考前提の修正と再構築を通じて，「学習への参加」という発達資産を，より深く確かなものへと磨きあげるために重要となる学習観である。

▶3　自己実現へ向けて物語る力——生涯発達への物語アプローチ

　最後に，「肯定的なアイデンティティ」の形成について，成人の自己実現と関連させながら検討する。この点と関わって興味深く注目に値するのが，生涯

発達への物語★アプローチである。心理学者のやまだは，新しい生涯発達心理学における発達観について次のように述べる。

>　（従来の発達心理学は）人間の成長を一次元尺度のものさしや発達段階に位置づけて，画一的に見てきた。それに対して，人間を多様で変化可能性にみちた存在，いくつもの異なる物語と意味をつむぎ出す存在としてとらえるのが，生涯発達の見方，人生を物語としてとらえる見方である。（やまだ，2000, p.11）

　やまだの提唱する生涯発達モデルのイメージは，「りんごの生命循環」であり，人間の発達が，木に実がなる，実が成熟する，実が落ちる，実が土に還り養分となる，その養分を生かしながら再び木に実がなる，という循環・円環・回帰的なサイクルのメタファーで理解されている。それは次の3点で従来の発達観とは異なっている。第1に，個人の人生が段階的に上へ向かう進歩・上昇ではなく，循環的「サイクル」で描かれていること。第2に，自分の人生が，「個人」だけではなく「樹木」や「先に生まれた実」など，より大きな生態系のサイクルや関係する文脈のなかに位置づけられ，その一部として描かれていること。第3に，1つの実が落下するが，それは必ずしも衰退・下降ではなく，「地中の中」という想定世界を媒介として次の世代の生成へと循環的につながるので，老年期や衰退や死の意味づけがポジティブに変えられていること，である（やまだ，2000, p.13）。

　この発達観に立脚したときに重要になるのが物語（＝2つ以上の出来事を結びつけて筋立てる行為）である。物語アプローチは，古典的な発達課題論が設定した標準的な年齢区分に基づく発達課題に拘束されず，人生の節目や転機を自己と他者の関係性のなかでふり返り，意味づけ，吟味することで，今後の自分らしい人生のありようを模索し続けるという生涯発達観に立っている。その根底にあるのは，「人生は物語である」「自己とは物語である」「人は物語を生きる存在である」という人間観・人生観である。

　現在のわが国では，終身雇用制や年功序列制度や安定した職種という昭和的価値観に包まれた神話の有効性が失われつつあり，30代の企業社員たちには

「将来の昇給やポスト昇格は期待できないため，現在の苦労が将来も報われることはない」というある種の「閉塞感」が蔓延している（城，2006, p.87）。こうした現状に鑑みれば，各個人が自分なりの生きがいにつながる人生の物語を紡ぎ出し，他者と語り合い，人生を意味づけながら自己実現へと歩みを進めていくことが，肯定的なアイデンティティを高めるうえで大切になろう。

　メンターからプロテジェへと世代を超えて経験を伝える自慢話や武勇伝や失敗談などの物語は，意味や価値を伝達・共有するプロセスのなかで互いの成長を育み，その集団や組織（企業や家族や地域社会など）の精神的なつながりを豊かにする。つまり，物語ることは次世代育成のための知識や技能の伝承プロセスでもある。また，ダブルループ学習によって自己の経験を内省して意味づけ，言葉を磨いている人は，他者に物語る言葉の意味や質に，厚みや深みが出るだろう。

　さらに言えば，意味や価値の伝達と共有を促進する物語の特徴には，①結びつき（聞く人に積極的な関わりをもつアイデアや彼らが共感できる主人公の設定），②奇妙さ（聞く人の期待や気持ちをゆさぶる），③理解しやすさ（伝えたいアイデアを感情や身体の感覚に訴えるように語ることで，聞く人を新たな理解のレベルに跳躍させる）がある（野中・紺野，2003, p.215）。これらの特徴を考慮した場合物語が次世代の発達や人生の自己実現へとつながるためには，自己満足的・自己完結的な物語ではなく，聞き手が共感的に理解でき，時に感動や興奮を覚えるような，感情や身体感覚に訴えかける豊かな暗黙知を含む物語の創造が必要となろう。

注1　たとえば，平成17年に厚生労働省や警視庁が発表した統計によれば，年間の離婚件数は261,929組，年間の自殺者数32,552名（うち20歳から59歳までの自殺者数20,809名），合計特殊出生率は1.26である。他にも，若年世代の離職率や離婚率については，「3年で3割の若者が辞める」「いま20歳の人は，3組に1組は離婚を経験する」といわれている。
注2　たとえば，伝統的な性別役割分業意識は薄れつつあるし，DINKS（子どもをつくらない共働き夫婦），事実婚，未婚の母，同性結婚など多様な家族形態がみられるようになってきている。
注3　ダブルループ学習は，失敗体験から積極的に学ぼうとする「失敗学」の考え方と重なる側面があると思われる。失敗学では，失敗の特性を理解し，不必要な失敗を繰り返

さないとともに，失敗からその人を成長させる新たな知識を学ぶことを趣旨としている（畑村, 2005, p.28）。失敗は，マイナスの資産である負債として位置づけることもできるが，失敗学の観点からすれば，負債をいかにプラスの資産へと変えていくことができるかが重要になる。

推薦図書

- 『生涯発達心理学とは何か』　無藤　隆・やまだようこ（編著）　金子書房　1995 年
- 『人生を物語る―生成のライフストーリー』　やまだようこ（編著）　ミネルヴァ書房　2000 年
- 『働くひとのためのキャリア・デザイン』　金井壽宏　PHP 新書　2002 年
- 『成人期の学習―理論と実践』　シャラン・B・メリアム＆ローズマリー・S・カファレラ（著）／立田慶裕・三輪健二（監訳）　鳳書房　2005 年

9章 成人の社会参加と外的な発達資産

1節　成人期の多様性

　成人期の外的な発達資産を考えるうえで，成人期の範囲を正確に定義することは難しい。日本社会において成人とは，一般には20歳以上のすべての人ということになるが，本書の構成に鑑みて，青年期・高齢期から独立したものとしての成人期を考えるにあたっては，年齢のみによって一義的に成人期を定義することは適切でも実際的でもない。なぜなら，人々の生活スタイルの多様性ゆえに，すべての人に共通した節目となる年齢を定めることは困難であり，また多くの場合それは各人の人生における選択にゆだねられるべきものだからである。したがって本章では，成人期を年齢によって区切るのではなく，その時期に関連が深いと考えられる課題と，それらに対応する資産について検討することから，成人期の外的な発達資産について論じたい。もちろんこれらについても，すべての人に同じようにあてはまるというものではなく，人々の人生の多様性をふまえて理解される必要がある。

2節　成人期の課題

　成人期とは，職場，家庭，地域社会において，中心的な役割を求められる時期である。成人期の課題の中心は，それらの役割を担うための力量の形成と維持にあるといえよう。ここでは成人期を，新しい役割を獲得しそれにふさわしい力量形成が求められる成人前期と，社会的責任の増大と能力の衰えをともなう成人後期に分けて，それぞれについて考えてみたい。

▶1　成人前期の課題

　成人前期において人は，就職・結婚・子育てといった，これまでにない新しい生活世界を獲得し，それらに応じた新たな役割を担うようになる。また社会的にも，成人としての権利と責任を獲得する。したがって，新たな環境を獲得し，責任ある大人として活動するための，知識や技術，態度，アイデンティティを獲得することが，この時期の中心的な課題となる。具体的には，就職，職業上の能力の向上，配偶者の選択，家庭の形成，子どもを産み育てること，社会の構成員としての市民的責任を負うことなどがあげられる。
　一方，社会的に要請される課題にこたえるだけではなく，より自分らしい生き方の模索という点にも留意が必要である。もちろん仕事や育児に生きがいを見出すことも1つの選択肢である。しかし成人後期から高齢期までの人生を射程に入れた場合，「職業人」や「親」のような社会的な関係性のみに依存するのではなく，地域活動や趣味などなにか打ち込めるものを見つけ，継続することも必要になってくるだろう。

▶2　成人後期の課題

　成人後期においては，前期の課題を引き継ぎつつ，あらたにさまざまな変化への対応が要請される。たとえば職場においては，責任ある地位の獲得と同時に，近年のIT技術のめざましい進歩にみられるような新たなテクノロジーの発達への対応や，過去の経験が必ずしもあてはまらない時代状況への適応が要請される。家庭においては子どもの成長にともない，家族の関係のありようにも変化が訪れるだろうし，高齢の両親との関係も新たな課題となる。地域社会においても相応の役割を求められる場合があるだろう。また体力の衰え，記憶力の低下，健康面での不安など，個人の知的・身体的な変化も不可避である。「中年の危機」という言葉は，こうした変化が人生上の大きな課題になることを示している。これらを乗り切るためには新たな能力の獲得や人間関係の再構築，健康の維持などが課題となるだろう。
　一方，子どもの成長や独立によって子育ての負担が軽減されるこの時期は，経済的・時間的余裕を自らの個性的な活動に投資する可能性の広がる時期でも

ある。社会的に付与される役割から独立した個性的な生き方の確立は，定年退職以降の高齢期に向けた準備という意味でも重要となる。

　以上，成人期の課題について概観してきた。繰り返しになるが，これらの課題をすべての人に共通の発達課題とみなすことは妥当ではない。結婚や出産は社会的に強制されるものであってはならず，家族の形態も多様でありうる。就職についても自らの人生設計とのかねあいで，さまざまな働き方の選択があってもよい（もちろん付随する経済的格差などの問題にも敏感であらねばならない）。成人期における課題とは，自ら選択して引き受けるものでもあり，積み重ねられた選択の上に，人々の自己表現としての個性的な生があるといえるだろう。ただし，個性を強調するあまり，すべてを選択の結果として個人の自己責任に帰するのではなく，それぞれの人々が置かれた社会的状況に目を向ける必要がある。人々の個性的な選択を可能にし，さまざまな課題を乗り越えるうえでの助けとなる環境が求められるのであり，そこで鍵となるのが，成人期の外的発達資産だということになる。次節では，いくつかの代表的な外的発達資産の例をあげながら，その内実について検討する。

3節　成人期の外的発達資産

　成人期の発達資産については，その概念や具体例について十分な先行研究があるわけではないため，子どもや青年における発達資産の概念を参照しつつその内実を仮説的に構想してみよう。まず外的発達資産の代表的な担い手として考えられるのが，家族，職場，地域社会である。また公的機関による支援の存在も，ここに含めて考えることができるだろう。またそれぞれの担い手における資産の内実には，役割期待，人間関係，活動といったレベルの異なる資産が含まれていると考えられる。もっともこれらの資産の担い手は，場合によっては発達資産を有効に活用できない方向にはたらく場合もあるだろう。発達資産が負債に転じる可能性である。これらをまとめ，それぞれの資産の具体例を示したものが表9-1である。これらに加えて，活用しうる時間を十分にもっていることや，教育・学習に投資しうる経済的な余裕についても，重要な外的発達資産といえよう。以下ではこれらのそれぞれについて，簡単な解説を加える。

表9-1 成人期の外的発達資産の例

	役割期待	関係性の資産	活動	負債
家族	パートナー・親としての役割期待	良好な夫婦関係・親子関係	余暇の充実	子育て・介護の負担
職場（学校）	有能な職業人であることの期待	実践的共同体 学習組織	教育・訓練・研修，職業経験	過重労働
地域社会（市民社会）	組織の一員としての承認	隣人，地域組織，ボランティア，NPO	相互扶助，情報交換，地域活動への参加	封建的慣習 過度のコミットメント
公的機関	権利の主体 民主主義の担い手	講座等を通じた学習グループ	学習機会の提供 活動の場の整備	地域格差

▶1　家族

　成人にとっての家族とは，生活を共にする最も基礎的かつ継続的な共同体である。子どもにとってのそれとは異なり，安心・安全の場としての家庭の形成に寄与すべき第一義的な責任が成人にはある。男性が仕事の疲れをいやす安らぎの場としての家族像が，女性の抑圧によって成り立っていることをフェミニズムが明らかにしたように，その内部にさまざまな葛藤を抱え，そのことが意識化されつつあるのが現代における家族であろう。たとえば男女の性別役割分担★の意識をみると，NHK放送文化研究所の「日本人の意識」調査によれば，「性別役割分担」を望ましい家庭としてあげる人が1973（昭和48）年の39％から2003（平成15）年の15％へと減少している一方で，「家庭内協力」を望ましい家庭とする人は21％から46％に増加していることが報告されている（NHK放送文化研究所，2004）。図9-1はこの推移を男女別にみたものだが，意識の変化は女性のほうが早いことがわかる。一方，実際に家事に従事する時間については，平日の有職女性の平均が3時間18分であるのに対し，男性は微増傾向ではあるものの46分にとどまっているという調査がある（NHK放送文化研究所，2006）。意識の変化に行動が追いついていないことも考えられる。

　性別役割分担をめぐる意識と実態は，現代の家族が直面する課題の一例であるが，既存の規範意識を前提として一様な家族像を描くのではなく，内部にさまざまな葛藤を抱えながら共に生きる共同体として家族をとらえる視点が必要

第4部　成人期の学習

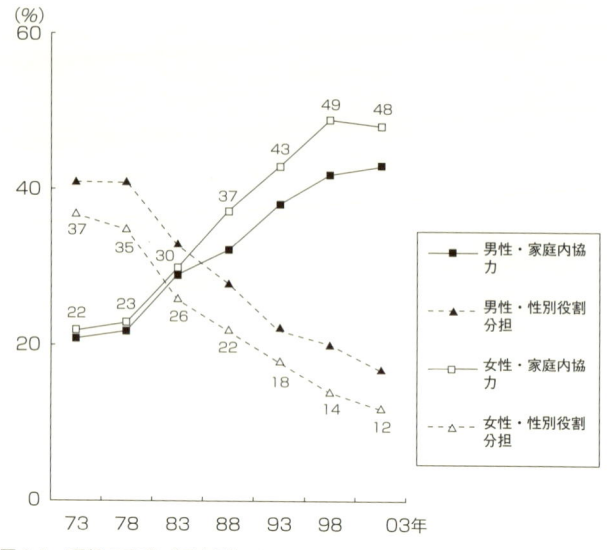

図9-1　理想の家庭（男女別）（NHK放送文化研究所, 2006, p.29より作成）

であろう。加えて，同性婚，別居婚，事実婚などの多様な家族のあり方も視野に入れる必要がある。つまり成人にとって家族とは，互いのコミュニケーションを通じて，問題の解決や新たな気づきの経験を重ねながら構築されるものであり，配偶者や子どもとの間の関係や役割期待はそれらの経験に基づいて個性的に形成されるものであるといえる。そのようなものとして家族をとらえることで，発達資産としての家族の意義がより明らかになるのではないだろうか。

家族の存在が資産というよりむしろ負債となる可能性もある。たとえば育児や高齢の親の介護，配偶者の両親との関係などが過度の負担となり，生活を圧迫するような場合である。しかし，たとえば育児は親から自由な時間を奪う一方で，「子育ては親育ち」という言葉があるように，親にとっても新たな成長の契機となる可能性をもつ。負債を転じて発達の資産とするための，適切なサポートが求められる。

▶ 2　職場・学校

安定した職業を得ることは，生活の安定をもたらし，家族の扶養を可能にす

るという意味で，基礎的な発達資産であるといえる。加えて，職場で提供される教育・訓練や，職業経験そのものから学ぶことは，成人が自らの能力をのばすための重要な機会となる。終身雇用の慣行が主流とされてきた日本社会においては，職業人としての力量形成は職場における取り組みが中心となる傾向が強い。他方，イギリスの労働者教育協会（WEA）や，スウェーデンの学習サークルのように，ヨーロッパでは労働運動を基盤とした組織が趣味・教養を含む幅広い学習機会を提供し，伝統的に成人教育の主要な担い手の1つとなっている例があるが，そのような動きは日本の労働運動には乏しい。

　近年，企業内教育の新たな動向として，実践コミュニティ★や学習する組織（learning organization）といった概念が紹介されている（ウェンガーら，2002；中村，2006）。これらに共通するのは，教え込み型の教育の限界をふまえ，人間的なつながりを基盤に，相互に影響し合いながら，自ら考え学習する共同の営みを重視していることである。学習の基盤としての人間関係の意義に注目する点は，発達資産概念にも通じるものであり，企業内教育と成人の生涯にわたる学習が共通の基盤の上に成り立つ可能性を開くものといえるだろう。

　成人にとっての職場は，自らの能力を生かした社会参加の場ととらえることもできる一方で，過重労働による過労死や健康への悪影響，残業・休日出勤・単身赴任などによる家庭生活からの隔離，定年退職にともなう役割喪失などの問題に鑑みれば，資産から負債に転じる可能性がある。また非正規雇用の増加やニート・フリーター問題として語られる若年者層の就業問題は，発達資産に値する職場を得られない層の増加を示唆するものといえ，今後の動向を注意深く見守る必要がある。

　最後に成人期の発達資産としての学校の役割について述べておきたい。1973年のOECDによるリカレント教育の提唱に代表されるように，教育期間を終えた成人がもう一度学校で学び直すことの必要性が語られて久しい。日本社会においては，教育を受け直しての再就職によるキャリアアップがそれほど望めないことから，社会人がフルタイムで学校教育に参加するには困難がともなう。しかし，文部科学省の学校基本調査によると2006（平成18）年度の全国の大学院入学者数のうち，修士課程の10.5%（約8千人），博士課程の30.7%（約5千人）を社会人が占めており，博士課程の社会人入学者数については近

年増加傾向にある。将来的に，大学をはじめとする教育機関の，成人学習の場として役割が大きくなることが考えられる。

▶3 地域社会・市民社会

　高度成長期を経て都市化の進んだ現代社会において，地縁組織の脆弱化や共同体意識の希薄化がいわれて久しく，地域社会を実感として感じることが難しい状況が生まれている。もちろん地域によっては「結」「催合」といった相互扶助や，青年団，婦人会，消防団などの地縁組織が脈々と活動していることもあるため，一様に地域社会が弱体化しているという理解も正しくない。都市部においても，子ども会，PTA，スポーツ少年団などの子どもを中心とした活動や，老人クラブなどの高齢者組織は地域を基盤として成り立っていることが多い。倉沢（2002）は，かつて地縁組織が担っていた自治的な活動の中核部分が，専門処理機関としての行政組織の確立によって失われたことを指摘しているが，その結果として包括的な地域共同体から，個別の課題ごとに分節化され，選択的に参加する地域活動への移行が指摘できよう。さらにその延長線上に，NPO★に代表される現代的な市民活動を位置づけることができるだろう。

　それでは，成人の発達資産としての地域社会とはどのようなものだろうか。この場合，従来の地縁的共同体が基礎を置く地域空間のみに限定して語ることは，むしろその積極的な意味をとらえ損ねるのではないかと考える。地域を日常生活圏ととらえるならば，交通機関とメディアの発達した今日において，人々の日常生活圏は大きく拡大している可能性があり，そのことをふまえた考察が必要であろう。たとえば大都市に活動の拠点を置くNPOの場合，構成員が近隣市町村も含めた幅広い地域から集まっていることはめずらしくない。これは趣味のサークルなどについても同様である。さらに，国際的に活動するNGOの場合，その構成員が全国に散らばっており，海外のNGOとも連携しつつ地球規模で活動するものもある。つまり，地域共同体レベルから，市町村レベル，都道府県レベル，国レベル，国際レベルまで重層的な市民社会像を視野に入れることが必要であり，取り組む課題や構成員の状況に応じた活動範囲が選択されているのである。

　このような市民社会の，発達資産としての最たる特徴は，人々がそれぞれの

問題意識や興味関心に応じて，自由に選択して参加することが可能な資産であるという点だろう。具体的な例としては，友人・知人との関係，趣味のサークルやNPOなど関心を共有し共に実践しながら学びあう人間関係，さまざまな市民活動団体が提供する学習機会などがあげられる。これらは職業を通じたそれとは異なる社会参加の手段であり，自己実現に向けた営みでもある。

アメリカの政治学者パットナムはイタリアを舞台に，スポーツクラブや協同組合，文化団体などが数多く活動することと州政府のパフォーマンスや経済的発展との間の関連を示し，市民の自発的な活動によって蓄積された社会的信頼，互酬性の規範，市民的積極参加のネットワークを社会資本（social capital）と名づけた。社会資本は自発的な協力を促進し，政府に対しても市場に対しても積極的な影響を与えるものとされている（パットナム，2001）。市民社会における発達資産とは，まさにパットナムのいうところの社会資本にあたるものだということができるだろう。

他方，たとえば伝統的地域社会における封建的慣習や規範が個人を圧迫する場合や，自発的に参加したはずの活動において，担い手の不足と継続への責任感から義務的もしくは自己犠牲的な参加を自らに強いてしまう場合など，資産が負債に転ずる可能性はここでも指摘できる。

▶ 4　公的機関

成人の発達資産を考えるうえで，公共機関の役割は無視できない。最低限度の生活を保障する社会的セーフティネットの存在は，人々に失敗を恐れずチャレンジすることを可能にするし（神野，2002b），公共図書館は人々の知る権利を保障するための不可欠の施設である。なかでもとりわけ成人の学習を支援する役割を担ってきたのが社会教育行政である。

図書館，博物館，公民館などの施設の整備，講座や講演などの学習機会の提供，市民の自主的な学習活動の支援などに取り組んできた社会教育行政だが，担い手である市町村の姿勢や地域住民の要求の違いによって，地域ごとに大きな格差が生まれている。住民の主体的な学習を可能にするための学習論・教育論の蓄積があり，先進的な実践が生まれている一方で，社会教育全体を見わたしたときの理念と実態のずれの大きさも指摘されている（上杉，1993）。さら

に近年の自治体の財政難を背景に，社会教育施設への指定管理者制度★の導入など，民間委託を活用した再編の動きも活発化している。社会教育行政は1つの転機を迎えているといえる。

　成熟した市民が自由に活動する社会においては，社会教育行政を終焉させるべきという議論もある（松下，1986）。しかし，さまざまな発達資産を活用することによってこそ成熟した市民になることができるのだとすれば，公的機関の役割はけっして小さいものとはいえない。先述のように家族や職場が資産ではなく負債となることを防ぐためのサポートの面でも，公的機関にしかできない役割があるだろう。社会教育，福祉，就労支援，市民活動支援などの行政分野が連携して，総合的に人々に発達資産を保障する体制づくりが求められる。

▶5　時間の活用・経済力

　改めて指摘するまでもないことだが，学習のための時間の有無は，実際に学習を行なうための決定的な要素である。大阪府吹田市が2003（平成15）年に実施した市民の生涯学習に関する調査によると，「学習をしたいと思ったとき，特に困ること」として，全体の66％が「時間がない」「時間帯があわない」「子育てや介護で手が離せない」といった時間に関する項目のどれかを回答している（吹田市生涯学習推進本部，2004；図9-2参照）。単独での項目で最も多かったのは「費用がかかりすぎる」の54％であったが，時間や費用の問題が，主たる学習の阻害要因となっていることは，他都市の調査においても同様の傾向がみられる。つまり学習に割り当てることのできる自由な時間は，そのものが発達資産なのである。また，たんなる時間の有無だけではなく，その時間を有効に活用するためのスキルや，多様な生活スタイルをふまえた学習機会の提供といった側面からの検討も必要であろう。

　経済力も時間と同様，学習行動に大きな影響を及ぼす。1996（平成8）年の大阪府寝屋川市における生涯学習調査では，年収が上がるほど学習経験率が高くなっていることが報告されている（大阪大学人間科学部社会教育論講座，1996）。また先述の吹田市の調査では，学習方法別にみた場合，「カルチャーセンター」「個人教授」「地域や職場のサークル」といった，費用負担が大きいと考えられる項目で年収による格差が大きく，「ラジオやテレビ」「公共施設の講

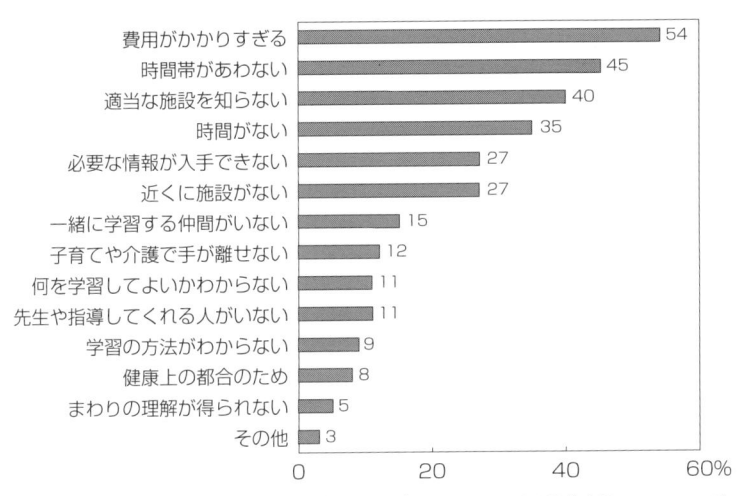

図9-2 学習の阻害要因（複数回答）（N = 1018）(吹田市生涯学習推進本部, 2004, p.113)

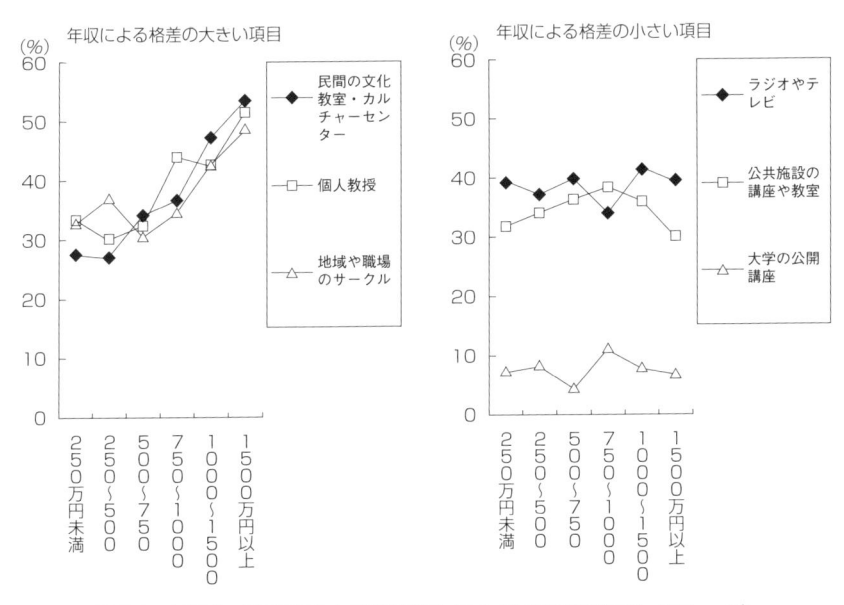

- 費用がかかりすぎる 54
- 時間帯があわない 45
- 適当な施設を知らない 40
- 時間がない 35
- 必要な情報が入手できない 27
- 近くに施設がない 27
- 一緒に学習する仲間がいない 15
- 子育てや介護で手が離せない 12
- 何を学習してよいかわからない 11
- 先生や指導してくれる人がいない 11
- 学習の方法がわからない 9
- 健康上の都合のため 8
- まわりの理解が得られない 5
- その他 3

図9-3 方法別・年収別でみた学習経験率 (吹田市生涯学習推進本部, 2004, p.60)

座や教室」といった費用負担が小さいと考えられる項目では年収による格差も小さいという結果が出ている（図9-3）。成人の学習には費用負担がつきもの

である場合が多く，経済力によって学習機会に格差が出ることは避けられない。同時に，公的機関の適切なサポートによって，機会を均等化する可能性も示唆される。

4節　発達資産の活用とその支援

　前節では代表的な成人期の外的発達資産について概観した。発達資産はそのどれかを欠けば発達に重大な問題が生じるというものではないかわりに，ただ資産を多くため込んだからといって，豊かな成長が保障されるというものでもない。その時々の必要に応じて，有用な資産を活用できることが重要であり，そのための要件が明らかにされる必要がある。たとえば，学習への参加，社会的コンピテンシー，肯定的アイデンティティといった内的発達資産は，外的発達資産の活用において重要な位置を占めるものである。また外的発達資産が活用されることで，内的発達資産が高められるといったように，相互に関連しあいながら成人の発達を促進するものといえるだろう。

　最後に発達資産の活用における支援者の役割について考えてみたい。たとえ豊かな発達資産を有する人でも，その活用可能性に自ら気づき，自由自在に資産を活用できるとは限らない。側面から気づきを手助けし，発達資産の活用を促進する支援者の存在が必要となるのではないだろうか。そのような支援者の存在そのものが，1つの発達資産であるということもできるだろう。

　日本における成人を対象とした教育事業は，主に学校教育との対比で社会教育とよばれているが，欧米などでは主に成人教育（adult education）という言葉が用いられ，成人の特性を生かした教育や学習の構想と実践が積み重ねられてきた。たとえばアメリカを代表する成人教育学者であったノールズはアンドラゴジー★（andragogy）という言葉を用いて成人の特性をふまえた教育学の体系化を図っているが，その実践的な考察は，日本における成人を対象とした教育活動に対しても，大いに示唆に富むものである。これはノールズ自身が職業的成人教育者として長年の経験を有しており，その実践のなかから引き出された具体的で有用性の高い知見がちりばめられているからに他ならない。

　他方，社会教育実践における相応の蓄積はあるものの，職業的成人教育者を

養成する基盤に乏しい日本の状況がある。公的社会教育の主要な担い手としては，たとえば社会教育主事という資格が制度化されている。しかし，一部の自治体における例外を除けば，多くの場合，社会教育の部署に配属され資格を取得しても3年から5年といったサイクルで関連のない部署へ異動になるというように，専門性を高める形での人材養成のシステムがととのっていないという問題がある。成人の学習・発達を支援する力量を有する専門家の不在は，日本社会における外的発達資産を考えるうえで，1つの負債であるといえるかもしれない。

推薦図書
- 『地域社会教育の展開』　上杉孝實　松籟社　1993年
- 『響きあう市民たち―NPOボランティア入門』　吉永宏　新曜社　1999年
- 『人間回復の経済学』　神野直彦　岩波書店　2002年
- 『成人教育の現代的実践―ペダゴジーからアンドラゴジーへ』　ノールズ, M.（著）　堀薫夫・三輪健二（監訳）　鳳書房　2002年
- 『生涯学習理論を学ぶ人のために』　赤尾勝己（編）　世界思想社　2004年

第5部

高齢期の学習

10章 高齢期の内的な発達資産と学習課題

1節　高齢社会と発達資産

　人間の高齢期や老いに関する人々の関心は，古代ギリシャや古代中国の時代にまでさかのぼることができるとされるが，高齢者が多数をしめる「社会の高齢化」の問題は近年の問題といえる。なぜなら，今日のわが国の高齢社会においては，人口高齢化率が20.04%（2006年6月現在）に達し，労働力人口に占める65歳以上の人の割合は7.6%とされ，後期高齢者（75歳以上の人）は1,157万人（前年比50万人増）といった数値からも，真の長寿社会★の実現に向けての本格的な取り組みが求められるからである。

　平成8年版の『高齢社会白書』では，高齢化に関わる問題として，労働力，国民負担率，経済成長，就業，健康，要介護，生きがい，生活環境，犯罪や安全，教育などがあげられ，国民生活のすべての分野に影響を及ぼす問題として重要視されている。その際，生涯発達の可能性，ポジティヴ・エイジング，アンチ・エイジング，老いと死，福祉と教育といった視点が取り上げられ，今日，こうした視点を実践へと展開する時期を迎えているといえよう。

　一方，わが国の行政においても，1973（昭和48）年のいわゆる「福祉元年」以降，長寿社会における生きがい支援施策として，長寿社会対策大綱が1986年に策定され，同大綱において，「1.　基本方針」「2.　雇用・所得保障システム」「3.　健康・福祉システム」「4.　学習・社会参加システム」「5.　住宅・生活環境システム」「6.　研究開発の推進」「7.　長寿社会対策の推進」の7つが重要項目とされた。なかでも，その基本方針においては，人生80年時代にふさわしい経済社会システムとして，以下の4つのシステムを総合的に推進することが強調された。

① 雇用・所得保障システム
② 健康・福祉システム
③ 学習・社会参加システム
④ 住宅・生活環境システム

　本論では，このうちのとくに「学習・社会参加」システムに着目する。このシステムのうち，生きがい関連の施策については，とくに，生涯にわたる連続した学習という生涯学習の考え方が導入されたことが重要であり，①生涯学習体制の体系的整備，②社会参加活動の促進の２点が具体的施策としてうたわれている。

　ところが実際に，今日のわが国の高齢者を取り巻く福祉・介護の実践現場や地域の状況をみてみると，介護費用の高負担，高齢者虐待，高齢者の孤独死，老老介護，介護休暇，寝たきり，認知症といった喫緊の問題をはじめ，外国人介護士の受け入れ，介護福祉士国家試験の義務化，介護職員基礎研修による中間資格の創設といったように，福祉現場を揺るがす新たな課題が続出している。一方で，要介護高齢者のみならず，現在，全高齢者の８割を占めるとされる健康な高齢者においても，住宅問題，生活問題，環境問題，金銭問題，学習問題，健康問題，世代間交流問題など，日常生活を取り巻く問題は多々ある。

　こうした，今日の高齢者をめぐる多様な諸問題に対応するための一方策として，発達資産論の考え方は生涯学習領域のなかで重要な場所に位置づけられる。なぜなら，近年誕生した発達資産論は個人を取り巻くさまざまな社会的環境を重視しているところに斬新さがあり，発達資産を内的資産と外的資産に分けてとらえることを基本的視座としながら，こうした資産形成の方略を具体的に論じている点で，より実践的といえるからである。

　本章では，とくにその内的資産に着目し，高齢期の内面的な発達や学習の問題について検討する。その際，まずは高齢者の特徴と学習の課題を整理したうえで，内的資産の内容と活用について考察したい。

　本論の分析枠組みは図10-1のとおりである。教育や学習を通じた高齢期の内的資産の形成において，高齢期の重要な資産である結晶性知能（または知

第5部　高齢期の学習

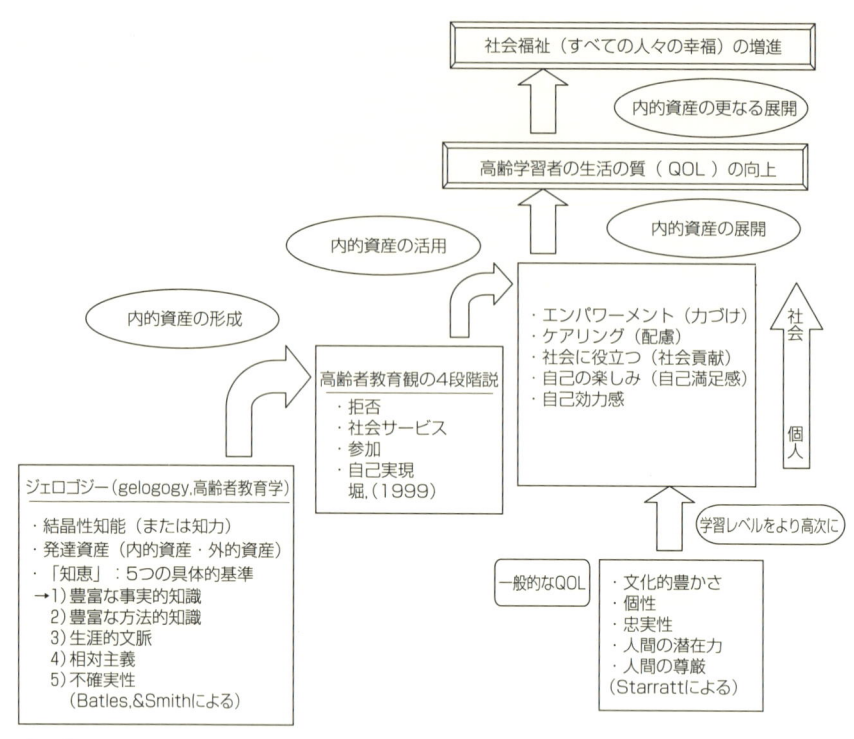

```
                                  社会福祉（すべての人々の幸福）の増進
                                        ↑
                                              内的資産の更なる展開
                                  高齢学習者の生活の質（QOL）の向上
                                        ↑
              内的資産の活用                  内的資産の展開
    内的資産の形成
                                  ・エンパワーメント（力づけ）      社
                       高齢者教育観の4段階説   ・ケアリング（配慮）          会
                       ・拒否              ・社会に役立つ（社会貢献）     ↑
                       ・社会サービス        ・自己の楽しみ（自己満足感）   個
                       ・参加              ・自己効力感                 人
                       ・自己実現
                       堀,(1999)
                                              ↑    学習レベルをより高次に

    ジェロゴジー(gelogogy,高齢者教育学)       一般的なQOL  ・文化的豊かさ
    ・結晶性知能（または知力）                           ・個性
    ・発達資産（内的資産・外的資産）                     ・忠実性
    ・「知恵」：5つの具体的基準                          ・人間の潜在力
      →1) 豊富な事実的知識                              ・人間の尊厳
        2) 豊富な方法的知識                             (Starrattによる)
        3) 生涯的文脈
        4) 相対主義
        5) 不確実性
          (Batles,&Smithによる)
```

【参考】本分析枠組みは,堀(1999)『教育老年学の構想―エイジングと生涯学習』7,16,55,171頁及び本書1章，12章を参照しながら，筆者が作成した。

図10-1　本論の分析枠組み

力）や知恵（wisdom）などを活用するうえでは，高齢者のQOL★の向上をめざした高齢者教育のあり方を再考する必要があり，学習レベルを上げ，個人から社会へという形で視点を広げながら，社会との関わりを通して高齢学習者の生活の質を向上させることが，すなわち内的資産の展開につながることを示したい。それによって，こうした高齢者の学習活動が社会福祉の増進にも同時に寄与することを示す。

2節　高齢期の学習の現状と課題

乳児期から老年期まで8つの発達段階のなかで高齢期の特徴を理論的に定義

づけたエリクソンによれば，老年期（高齢期）とは「統合 対 絶望」の時期と特徴づけられ，「一貫性（coherence）と全体性（wholeness）の感覚をもって，自分の生涯を意味づけ，秩序を維持することが，ひいては自己を信頼することになり，その対極にあるのが絶望である」としている。ハヴィガーストが社会的適応のテクニックに関し，高齢期の発達課題を社会的水準で考えたのに対して，エリクソンの視点は「自己」の社会的適応に関して心理学的水準で高齢期をとらえたものであり，人間の内面的な発達過程に焦点化しているところにその特徴がみられる。

このような社会的・心理学的な発達論をふまえて，さらに専門的な学問として登場したのが「老年学（gerontology）」である。そもそもこの用語が最初に用いられたのは，橘（1971）によれば，1944年のアメリカ老年学会であったといわれる。老年学とは，老い，衰弱，病気といった人間の人生後半の過程と経験に対する偏見を捨て，自然であるがままのものとしてみていこうとする発想から生まれたものであり，1960年代に入ってから研究の進展が加速化したといわれ，「サクセスフル・エイジング（幸福な老い）」研究はとくに注目を集めた。同様に，わが国においても，1990年代以降注目されるようになり，現在では，エイジングのポジティヴな側面や心理的・精神的側面の変化が要点とされている。堀は，近年の老年学関係の文献整理を通して，エイジングの意味を①加齢，②老化，③高齢化，④熟成（円熟），⑤高齢者問題（年をとることにともなう社会的問題）の5つに分類し，これらの意味を吟味したうえで，エイジング概念に関する研究上の問題点として次の4点を指摘している（堀，1999, pp.26-27）。

① 学問分野（生物学・心理学・社会学等）によりエイジングの意味が異なること
② エイジングと（生涯）発達との関連
③ エイジングと社会との関係
④ ポジティヴな概念としてエイジングをとらえる必要性

さらに，高齢期の学習について考える場合，エイジングと記憶の関係の理解

が重要である。エイジングと記憶については，さまざまな研究が展開されているが，なかでも，メリアムとカファレラ（2005）は，加齢とともに作業記憶と長期記憶の両方で明らかな力の喪失があることを指摘している。さらに，堀は，加齢と知能の関係について，①年齢またはエイジングの定義，②知能の定義，③知能の測定に用いられる検査のタイプ，④調査の方法とその限界点を4つのキー要因とし，以下の3つの結論を示している（堀，2004）。

① 知能の顕著な低下は，多くの人々では80代か90代までは起こらない。
② また，起こったとしてもすべての能力において，あるいは，すべての人においてそうだというのではない。
③ 高齢期における知能の低下のリスクを軽減する，いくつかの要因が示されてきている（例：良好な環境での生活，社会活動への参加など）。

このように，たんに加齢が記憶力を直接的に低下させているとは言いがたく，高齢者の心情，身体，心理，環境，社会的役割などが学習能力と複雑に結びついていることを示唆している。また，『成人はいかにして学ぶか（How Adult Learn）』を著したロビー・キッド（Roby Kidd，1979）は，次のように述べることによって，成人や高齢者の学習にとって，心情的に安心できる環境づくりの重要性と，学習しようという積極的心情にともなう苦痛，恐怖，心配といった心情の誤謬性を論じている。

　学習者がどんなふうに感じるかということは，学習者にとってただたんにそれを援助したり，抑制したりするだけのものではない。すなわち，学習の目的と心情的発達の目標は，同じ方向をめざしており，時にはまったく一致するのである。学習と心情的発達のめざすところを最も適切に表現した言葉は，自己実現や自己修錬などの言い方であろう。(Roby Kidd, 1979)

上記のように，学びは深化し発達するという視点が重要である。このような自己実現や自己修錬を達成する今日的取り組みとして，たとえば，老人大学，高齢者人材活用事業，シルバーボランティア，資格取得講座，世代間交流事

業，健康教育，メディア教育，キャリア教育などの高齢者向けの生涯学習活動が幅広く展開されている。それらは，個人学習で完結するものもあれば，個人学習から集団学習へと発展していくものもあるが，いずれにおいても，高齢者自身の全体的な思考や学習を深めていくところに1つの意義があるといえる。とりわけ，その学習において，結晶性知能や知恵といった面での認知的発達が展開していくところに高齢期の特徴がある。

　結晶性知能★（または知力）とは，児童期・青年期に発達し，成人初期にピークに達し，その後は減退に向かうとされる流動性知能に対して，生涯にわたって発達するか，少なくとも高齢期までは着実に上昇すると考えられている知的能力である。具体的には，言語メッセージを解読し，主要な観念を識別し，それを後日用いるために保存する能力を含み，社会の慣習に従って，社会的事態に対処する累積的で経験的な知能をさす。

　結晶性知能よりも包括的な認知的概念としてよく用いられるのが知恵もしくは叡智（wisdom）である。メリアムとカファレラ（2005）によれば，叡智は，成人の思考の頂点あるいは到達点とみなされる。また，叡智は，年長者に求められる徳であり，私たちはその「正しい」決断を求めようとする。叡智の特徴としては他者との相互依存性，ユーモア，生活の複雑さの感覚，同胞愛などがあるという（メリアム＆カファレラ，2005，pp.197〜198）。また，バルテスとスミス（Baltes & Smith, 1990）は，知恵について5つの具体的基準を示している（図10-1を参照）。この5つの基準により，各人が人生を設計し，管理し，回顧することができるようになってくる。

　このような高齢期における学習者の認知的発達の検討は，近年，生理学的視点からも行なわれるようになっている。たとえば，北田（1999）は，脳の発達と学習という側面を考察している。すなわち，脳は環境の変化に対応して柔軟に変わりうる性質（可塑性）をもっており，その基礎はシナプス（脳の神経細胞であるニューロンからニューロンへの信号の受け渡しの接点）にあり，シナプスが生成消滅を繰り返しながら，動きまわり形を変え，脳の性質を変化させることで伝達効率を変えるとされる。換言すれば，特定のニューロンの特定のシナプスがその位置や形や伝達の効率を変化させる過程こそが「学習」といえるのである。そして近年，このニューロンは死ぬまでその再生を繰り返すこと

表10-1 高齢期の学習課題

〈外面的課題〉	〈内面的課題〉
○学習をあらゆる機会・あらゆる場所で	○学び合う喜び
○社会の変化に対応した学習のあり方	○学習の目的は人生の目的
○生涯にわたる学習保障	○生活の課題が学習の課題
○開かれた高等教育	○平和を守りつつ
○地域にねざす学習	○個人の価値を大切に
○系統学習の発展的再把握	○教えることは学ぶこと（学んだことを生かすこと）

が発見されたのである。

　以上から，高齢期における学習上の主な課題を，学習環境の整備などに関わるハード面（外面）と，学習意欲，態度，効果などに関わるソフト面（内面）に分けながら，整理すると表10-1のようになる。
　このような学習課題に対応しうる発達資産，とりわけ内面的課題に即した内的資産の概念的整理を次に行なってみたい。

3節　高齢期の内的資産とその学習課題

▶1　高齢期の内的資産の形成

　発達資産のうち，内的資産とは，好ましい内部成長および発達を反映する特性や行動のことである。これらの資産の形成は，好ましい価値観や自己確立，社会的能力および学習に関連しており，思慮深く好ましい選択を行なうことを助けるとともに，その人生において自己の内的強さや自身に挑戦するような状況に置かれた際の効果的な準備となる。
　そもそも，人間が学習するということは，その人がよりよく生きようとする営みの一側面であり，人間としての根源的なあり方といえる。このように考えると，学習の目的は人生の目的とは別のこととはいえず，生涯に開かれ，生活の随所で行なわれるものといえる。では，高齢期において，各人に内在する発達資産を生涯学習という形で活用していくためにはどうすればよいだろうか。
　そのヒントとして，ここでは，21世紀国際教育委員会で提案された生涯学習の4つの柱を参考にしたい（ユネスコ，1997）。第1の柱は，知ることを学

ぶことであり，主に，知識・技術の習得をめざす。第2の柱は，なすことを学ぶことであり，習得した知識・技術を実践することをさす。第3の柱は，共に生きることを学ぶこと，一言でいえば「共生」であり，この時点で視点は個人（学習）から集団（学習）へと徐々に移行していく。第4の柱は，人として生きることを学ぶことであり，一般的には「生きがい」という用語で表わされる。4つの柱のうち，喫緊の重要課題とされる第3の柱（共に生きることを学ぶ）について，小口（2001，pp.212-214）は，共生の観点からの生活課題として具体的に次の4点を取り上げている。

① 自然とともに生きる
② 平和を守りつつ
③ 個人の価値を大切に
④ 愛し合い支え合って生きる

この共に生きるということを学ぶという視点は，とくに高齢期における他者との親和的欲求を満たすという意味でも重要であり，生きがいや自己実現という方向に向かう人間の基本的欲求を満たす条件となっている。

▶2 高齢期の内的資産の展開と学習上の課題

高齢期における内的資産を今後，展開させていくためには，当該資産を外的資産も含めたうえでさらに詳細にとらえ直す必要がある。たとえば，発達資産の各構成要素として，個人的資産，身体的資産，精神的資産，経済的資産，文化的資産，社会的資産などが考えられ，整理すると以下のようになる。

〈発達資産の種類〉
個人的資産：知識・技能，特技，才能，趣味，性格など
身体的資産：健康，体力，運動や食事の習慣，身体のメンテナンスなど
精神的資産：学習意欲，根気，向上心（向学心），生きがいなど
物理的資産：時間，場，モノなど
経済的資産：収入源の確保，預貯金，資金の獲得と運用など

文化的資産：芸術活動，芸術鑑賞など
社会的資産：人間関係（ネットワーク）とそれにより得られる精神的サポート，信頼，協力など

さらに，こうした多種の資産を形成・活用・展開する際の課題を，高齢者の特徴に即した学習課題としてまとめると次のようなものがあげられる。

① 高齢社会に生きる学習を
② 高齢者も共に学べるように
③ 学習事業の出前の実施
④ 高齢者向けの学習機会の拡大
⑤ 高齢者の社会参加をうながす事業の拡充
⑥ きめ細かい学習機会を
⑦ 高齢者も平等に利用できる施設を
⑧ 高齢者集団への教育サービス
⑨ 高齢者の体力づくり方策の強化
⑩ 地域の生涯学習体系づくりのなかで

上記諸点に留意したうえで，まず内的資産として高齢者の学習への動機づけを出発点とし，各人の価値観・人間観・健康意識を尊重しながら，社会的知識・技能を習得し，そうした過程において，肯定的自尊心や確固たる自己像が育まれるのであり，高齢学習者の希望や将来像がふくらんでいくようにするための一指針として，内的資産を当人が自由に選択し，各自の創意工夫によって役立てられるよう外的資産によって支援することが重要である。

4節　高齢期の学習効果向上のための工夫

最後に，本節では高齢期における学習活動の効果を向上させる工夫として，①自己効力感，②自分で楽しむ（自己満足感），③社会に役立つ（社会貢献），④ケアリング★，⑤エンパワーメントの5つの概念について整理する。その

表10-2 発達資産と学習効果との関連

視　点	発達資産の内容	学習効果向上の工夫
社会 ↑ ｜ ｜ 個人	生きがい★ ↑ 仕事と遊び 人間関係 生活習慣 健康と安全	エンパワーメント ケアリング 社会貢献 自己満足感 自己効力感

際，発達資産の内容を表10-2のようにとらえ，個人から社会へと発展していく視点を重要視する。

▶1　自己効力感

　カナダの心理学者バンデューラ（Bandura, A.）が提唱した「自己効力感」の原語は，self-efficacyであり，彼の社会的認知理論の中核となる概念である。心理学における一般的定義としては，「外界の事柄に対し，自分が何らかのはたらきかけをすることが可能であるという感覚」とされ，こうした自己効力感を通して，人は自分の考えや感情・行為を統制しているといえる。類語の自尊心（self-esteem）が，その人本人の価値に関する感覚であるのに対し，自己効力感は自分にある目標を達成するための能力があるという感覚ととらえられる。

　こうした感覚を生み出す源泉としては，①達成体験，②代理体験，③言語的説得，④生理的情緒的高揚の4つがあげられ，タイプ別に分けると，以下の3つに分類でき，いずれも内的資産の形成・活用・展開に関わるものであることが示される。

① 自己統制的自己効力感：自己の行動を制御する基本的な自己効力感
② 社会的自己効力感：対人関係における自己効力感
③ <u>学業的自己効力感：学習における自己効力感</u>（傍線，筆者）

　とくに，上記③の学業的自己効力感を喚起させる学習形態の1つとして，自己決定学習があげられるが，その要点は，フェデリーギ（2001, pp.34-45）

によれば，①学ぶことを学ぶ，②メディアを通して学ぶ，③「仮想の教師」としてのメディア，④施設の変化しつつある役割，⑤無意図的な学習のカテゴリー，とされている。

▶2　自分で楽しむ（自己満足感）

　自己の楽しみを考える場合，わが国では余暇のあり方について取り上げられることが多い。小口（2001）は，余暇について「何ものにも奉仕しない時間の中で何をしたいかを考えることであり，やらねばならないこと（仕事・家事・勉強など）が連続するなかで無重力状態の時間をもつ意味を改めて問うことではないだろうか。いいかえれば，余暇の原理は『個人』や『個の充実』にあり，『自分が本当にしたいことは何か』という自己認識や自己選択，自己実現とともにある問題である」と言及している。

　一方，1998（平成10）年の総務庁の調査によれば，「余暇と仕事いずれを重視するか」と質問した結果，「余暇重視派」は日本が34.0％で，余暇大国スウェーデン（43.0％）に次いで第2位となっており，アメリカ21.0％，ドイツ24.0％となっており，余暇重視派が多くなっている（小口，2001，p.197）。

　こうした状況をふまえながら，余暇をたんなる気晴らしや自由時間としてではなく，たとえば，人との関わり，芸術作品の鑑賞，健康管理，新しい趣味の発見などを通し，発達資産を温存したり，増幅させたりしうる好機ととらえ直す視点が要点となる。

▶3　社会に役立つ（社会貢献）

　上記のような自己効力感や自己満足感は，その人本人の健康や安全，生活習慣などにおいて感情を充足させる効果が期待できる。しかしながら，発達資産の活用による学習効果のさらなる向上を図るためには，人間関係，仕事，遊びなどの場面において，他者や社会との関わりが不可欠となる。すなわち，自己の知識・技能，特技，意欲（善意），資金，情報といった発達資産を，他者・社会のために役立てることによって，自己の充足感・満足感がよりいっそう高まっていくのである。こうした社会貢献といった考え方は，今日，ボランティア活動においてよくみられ，人と人との，あるいは，人と社会との相互作用の

具体的な展開過程，また助けるものが助けられるというような当該活動がもつ双方向性こそが要点である。

▶ 4　ケアリング

上記社会貢献の考え方の内奥には，ケアリングという考え方がある。メイヤロフ（1971）は，「ケアリングとは，最も深い意味でその人が成長すること，自己実現をすることをたすけることであり，ケアリングが他者の自己実現をめざすということは，一つの過程であり，展開の内にはらみつつ人に関与するあり方，つまり，発展的過程であり，そこには連続性がある」（p.78）と述べている。一方，ノディングズ（1997）は，「ケアしなければならないという義務感から生ずる『ケアしたい』という感情が内在しているようなケアリングのことを『自然なケアリング』とし，そこにはケアする喜びが存在しており，ケアするひととケアされるひとの相互性」（p.78）を強調している。

こうしたケアリングの考え方は，人間が本来的に内在している感情の1つであり，他者や社会との関わりのなかで実践され，実践を通しての学びのなかで開花するものといえる。

▶ 5　エンパワーメントの実践――アドボカシー，セルフヘルプグループ，オンブズマン

最後に，エンパワーメントの視点から，その実践活動としてのアドボカシー，セルフヘルプグループ，オンブズマンを取り上げてみたい。

そもそも，エンパワーメント（empowerment）は「力づけ」と訳される用語であり，主に，福祉や介護，看護，教育の領域で用いられることが多い。なかでも，アドボカシー（advocacy）は，児童・高齢者・障害者などの社会的に弱い立場にある人々の本来的な権利を擁護するため，あるいはそうしたサービス利用者の状況を向上させるために，彼らに代わって，他者を直接的に代弁したり守る活動のことである。具体的には，「社会福祉援助実践が展開される場面では，直接介入やエンパワーメントを通じて，個人やコミュニティの権利を擁護すること」（Barker, 1987, p.4）とされている。このアドボカシーを通じて，利用者自身が有する問題解決の能力を向上させるエンパワーメントのは

たらきを忘れてはならない。そして，こうした活動をさらに発展させたものとして，利用者自身による当事者活動として，セルフヘルプグループの取り組みがある。さらに，もう一歩進んで，利用者側に立ち，苦情を申し立てる「オンブズマン」の活動も増えてきている。

　以上のように，高齢期における学習効果を考えれば，自分自身で感じ取る自己効力感や自己満足感の充足だけではなく，社会貢献意識やケアリングといった考え方から，他者や社会との積極的な関わりを豊かにすることによってさらに内的資産が豊かになる仕組みを考えていくことができる。高齢者が，あるいは高齢者のためのエンパワーメントの実践などを通して，その内的資産をさらに豊かにしていくことができるのではないだろうか。

推薦図書
- 『自己という課題―成人の発達と学習・文化活動』　北田耕也　学文社　1999年
- 『教育老年学の構想―エイジングと生涯学習』　堀　薫夫　学文社　1999年
- 『教育老年学の展開』　堀　薫夫　学文社　2006年
- 『よくわかる生涯学習』　香川正弘・鈴木眞理・佐々木英和（編）　ミネルヴァ書房　2007年

11章 高齢者の社会参加と外的な発達資産

1節　高齢者の社会参加

　団塊の世代が高齢期を迎える今日，高齢者の社会参加と生涯学習の連携の問題は，焦眉の課題となってきている。ここでは，高齢者の社会参加と生涯学習の問題を，主にその外的な発達資産という点を念頭に置いて考えていきたい。

　高齢者の社会参加という場合，生涯学習活動は，福祉や労働や余暇活動などと統合されたかたちでの社会参加活動として理解されることが多い。なかでも福祉活動の視点は重要な柱であるが，教育老年学の視点からみると，教育や学習の問題は，必ずしも福祉領域には包摂されない固有のダイナミズムを有するともいえる（堀，1999）。

　（高齢者の）社会参加の定義に関しては，西下（1992）は，「家族をこえた地域社会を舞台に，同一の目的を有する人々が自主的に集合し，インフォーマルな社会関係を保ちつつ，集団で行なう自発的活動である」（p.1195）ととらえている。ただこの定義の場合，高齢者に固有の社会参加の視点というよりは，社会参加一般の定義だといえる。

　これに対して梨本（1999）は，「社会や他者との関わりを通じて高齢者が自己の生き方を再確認し，新たな生き方を発見する機会」に注目したうえで，「高齢者が社会や特定の他者との関わりを豊かにしていく活動」を「社会活動」とし，「そのような活動に新たに参加したり，活動を通じて社会や他者との関わりを豊かにしていく過程」を「社会参加」として，社会活動と社会参加とを区別した。ここで注目したいのは，社会活動が高まる過程を社会参加活動としてとらえたうえで，それは同時に学習活動でもあるととらえた梨本の視点である。つまり他者や社会との関わりを通じて，知識・技能の獲得だけでなく，関

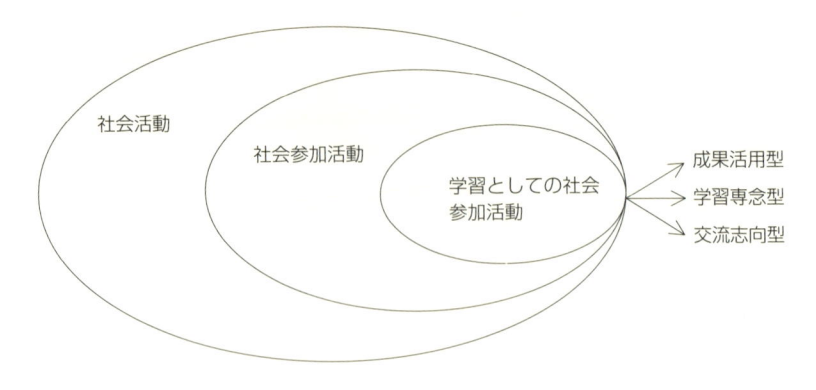

図11-1　高齢者の社会参加のパターン

係性の広がりや生活世界の意味づけの深まりが，生涯学習としての社会参加活動に求められるという点である。ここには，「(高齢者の) 社会活動→社会参加活動→学習としての社会参加活動」という三重構造が想定されている。（あくまで便宜的な区分をすれば，たとえば，仲間とともに外食をすることは社会活動であり，自治会活動に参加することは社会参加活動であり，学習サークル活動に参加することは学習としての社会参加活動だといえよう。）

なお高齢者の学習活動への参加は，①学習の成果を地域活動などに生かす場合，②学習そのものを目的とする場合，③学習に付随する人間的交流を求めるという3つの場合に分けられる。田中は，高齢者の学習を成果活用型と学習専念型とに分けて考察を行なったが，社会参加としての学習活動を行なっても，その成果が新たな社会参加活動につながるかどうかは，また新たな課題として生起している（田中，1998；木村，2005）。図11-1には，その関係性を図示した。生涯学習を視野に入れた高齢者の社会参加のパターンにも，いくつかの類型があるといえる。

もちろん現実の社会参加活動においては，こうした区分を明確にすることは難しい。しかし他方，行政施策として高齢者の社会参加活動をとらえた場合，福祉・労働行政と教育行政とでは，具体的事業の面では微妙な違いが生じている。そこで以下，高齢者の生涯学習としての社会参加の視点を念頭に置きつつ，①福祉行政からの社会参加の場，②教育行政からの社会参加の場，③民間などからの社会参加の場の3つの角度から，高齢者の社会参加を通しての学習

の場をみていきたい。

2節　福祉行政系列の社会参加の場

　高齢者の福祉行政の理念となる老人福祉法は，その第2条と第3条の基本的理念において，「老人は，多年にわたり社会の進展に寄与してきた者として，かつ，豊富な知識と経験を有する者として敬愛されるとともに，生きがいを持てる健全で安らかな生活を保障されるものとする」「老人は，老齢に伴つて生ずる心身の変化を自覚して，常に心身の健康を保持し，または，その知識と経験を活用して，社会的活動に参加するように努めるものとする」「老人は，その希望と能力とに応じ，適当な仕事に従事する機会その他社会的活動に参加する機会を与えられるものとする」ととらえ，高齢者の社会参加活動の法的根拠を示した。さらに第4条では国および地方公共団体の責務にふれ，これらは，「老人の福祉に関係のある施策を講ずるにあたつては，その施策を通じて，前2条に規定する基本的理念が具現されるように配慮しなければならない」ととらえている。つまり国や地方公共団体は，高齢者の社会参加を促進する責を負うととらえられているということである。

　ところで同法では，高齢者の福祉施設や事業として，老人福祉センターや老人ホームなどのあり方が述べられている。これらの施設や事業に参加することは広い意味では社会参加活動だともいえるが，先の定義の「自発的活動」「地域社会活動」という視点に則すならば，若干無理が出てこよう。

　一方で福祉の領域でも，今日ではいわゆる「健康な」高齢者をどう取り込むかという視点が，介護予防などの観点から議論されている（柴田，2002）。つまり福祉行政は，ケアや保護を必要とする高齢者を主要なターゲットとしつつ，一方で介護予防などの観点からより幅広い層への事業を展開しつつある。

　ではこのいわゆる「健康な」高齢者を主たる対象とした福祉行政系列の事業にはどのようなものがあるのか。ここではその代表的事例として，老人クラブ活動と（福祉系列の）老人大学★の実践例を取り上げたい。

第5部　高齢期の学習

▶1　老人クラブ

老人クラブは60歳以上であればだれでも参加できる全国規模の高齢者団体で，1951（昭和26）年に中央社会福祉審議会（現社会福祉協議会）のはたらきかけによって誕生した（関口，1996）。2005（平成17）年3月の時点で，全国に128,897クラブがあり，8,277,911名の会員数を有する（全国老人クラブ連合会，2007）。活動内容は，地域づくり活動やボランティア活動，趣味・スポーツ・学習活動，サークル活動など多岐にわたる。地域を基盤とする自主的な組織ではあるが，昨今の高齢者の社会参加の場の多様化などにより加入率は漸減傾向にある。

▶2　明るい長寿社会推進機構系列の老人大学

1989年に厚生省は「高齢者の生きがいと健康づくり推進事業」を開始したが，そこでは「長寿社会開発センター」を国に，「明るい長寿社会推進機構」を都道府県に，「高齢者の生きがいと健康づくり推進モデル事業」を市町村においた（西下，1992）。このうちとくに注目したいのが，「明るい長寿社会推進機構」が国と市町村のパイプ役となって，都道府県レベルで老人大学（校）を開設・運営しているという点である。この老人大学のなかには，受講者数2,000名を超える兵庫県いなみ野学園や県内に6学園を有する千葉県生涯大学校（県健康福祉部高齢者福祉課所管）などの大規模な老人大学も含まれる。推進機構では老人大学以外にも，健康福祉祭の開催や生きがい健康づくり推進員（コーディネーター）やシニア・リーダーの養成なども行なっている。

ところでこうした広域型の老人大学は，市町村の老人大学や公民館のような地域に密着した学習・社会参加の場でないがゆえに，受講者どうしのつながりと学習とを支援する何らかの仕掛けが必要となってくる。たとえば大阪府老人大学では，受講期間中には学友会委員やクラス委員制度により，受講修了後は修了者のクラブ活動や同窓会活動により仲間づくりを支援するというかたちで，老人大学での学習と地域活動との間の媒介的交流の場を提供している（大阪教育大学生涯教育計画論研究室，2006）。そして修了後地域活動などに参加する層（すでに地域活動に参加している層を含む）と，修了者どうしの交流活

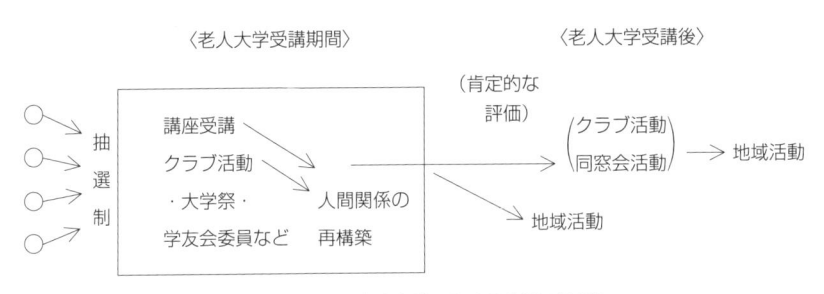

図11-2 大阪府老人大学における支援の仕組み

動から地域活動参加に発展が期待される層の2つの層への支援をねらっている（図11-2参照）。もちろん修了者どうしの交流活動の段階でとどまる層も多いが，これもまた1つの新しい高齢者の社会参加の形態であろう。

3節　教育行政系列の社会参加の場

　社会教育法はその第3条で，国および地方公共団体は，「すべての国民があらゆる機会，あらゆる場所を利用して，自らの実際生活に即する文化的教養を高め得るような環境を醸成するように努めなければならない」と述べている。そしてその中核的施設として公民館を，事業形態として学級・講座・集会といった形態を示している。しかし公民館が市町村設置施設であることを鑑み，生涯学習振興法などで都道府県の事業整備の方向が示されたが，同法では事業を実施する具体的な施設名（生涯学習センターなど）などは描かれていない。

　公民館の事業に関しては，青年学級の指摘（社会教育法第22条）はあるものの，高齢者への事業の記載はない。戦後公民館のあるべき姿を示した寺中構想においても，そこで描かれていたのは青年の養成の問題であったのである（堀，2004）。その後都市型公民館像が模索されたが，そこでも女性や主婦の視点が中心であり，高齢者の視点からの社会教育論はまだあまり普及していない。しかし公民館などの参加者の多くが実質的には高齢者である場合が多いことも関連し，徐々に高齢者をターゲットとした事業も増えてきている。以下，公民館（市町村レベル）の高齢者教室と長寿学園（都道府県レベル）に限定して教育行政系の高齢者の社会参加の機会をみていく。

第5部　高齢期の学習

▶1　公民館における高齢者教室

　文部省は1965（昭和40）年に，全国の市町村に対して高齢者学級の開設補助事業の委嘱を行なった。次いで1973年より市町村に対して高齢者教室の開設補助を行なう。高齢者教室は主に公民館などで開設されているが，文化センターなどでも実施されている。

　今日では，高齢者教室は高齢者大学やシニア・カレッジといった名称のもとに，公民館で事業展開がなされることも多い。たとえば千葉県佐倉市立中央公民館では，市民カレッジという4年制の高齢者大学を開設し，「出会い→話し合い→深め合い→学びあい」の4年次を設定している（『月刊公民館』編集部，2006）。表11-1にこの市民カレッジの第4学年学習予定表を掲載しておくが，ここでとくに注目したいのが，学び合い学習において，受講者どうしが教え合っていくプログラムを組み込んでいるという点である。他コースの受講者を招待したり，招待を受けたりして学習を深化させているのである。

　公民館における高齢者教育の特徴は，地域と生活に根ざした学習を公民館主事などとの関係のなかで行なっていくところにある（全国公民館連合会，2003）。しかし大阪市・京都市などの大都市部や職域には公民館がないことも多い。生涯学習センターなどがその代替施設となっている。しかし，その法的根拠や職員の専門性などの面での課題は残っている。

▶2　長寿学園

　都道府県が公民館を設置できないこととも関連があろうが，都道府県レベルの教育行政系列の高齢者教育の機会としては，長寿学園★（グレート・カレッジ）が，1989（平成元）年より開設されたことが注目される（高橋，1991；矢野，1993）。多くの都道府県で広域的な学習・社会参加の場として注目されているが，必ずしも全国化してはいない（1993年までで20県が参入したが，以降増加していない）。皮肉なことに，総じて広域的な高齢者の学習・社会参加活動の場の提供は，福祉行政系列のほうが活発だといえそうである。

　しかし教育委員会系列の長寿学園には，教育的配慮などのきめ細かなサービスが編まれていることも多い。たとえば宮崎県の長寿学園では，中央学園（1

11章　高齢期の社会参加と外的な発達資産

表11-1　平成18年度佐倉市民カレッジ　第4学年学習予定表（抜粋）

		専攻課程　ゆっくり元気コース(2)			
	学習時間	午前10時～11時50分		午後1時10分～3時	
番号	日・曜日	学習テーマ	学習内容	学習テーマ	学習内容
1	5.20(土)	カレッジ合同式典	始業式・入学式	カレッジ合同式典	講演：愛と夢と勇気を育む健康なまちづくり
2	5.24(水)	ホームルーム	役員選出・写真撮影	課題学習(1)	学び合い学習に向けて①
3	6.13(火)	地域活動(1)	実践活動：ウォークラリー		
4	7.5(水)	4コース合同生活と文化	文章作成の技術：卒業記念誌作成に向けて	自主学習	学生がテーマを決めて自主的に学習する
5	7.12(水)	健康づくり(1)	歩く楽しみ：バードウォッチング体験	健康づくり(2)	コーディネーション運動：自ら楽しむ健康
6	7.19(水)	自主企画講座	学生がテーマを決めて企画し補習学習する	福祉・元気合同　生活と福祉	高齢者のためのレクリエーション
7	9.6(水)	課題学習(2)	学び合い学習に向けて②	地域活動②	ミニテニス
8	9.20(水)	4コース合同体験学習	草ぶえの丘で自然観察と陶芸を楽しむ：卒業記念作品の制作　内容：午前　草ぶえの丘で自然観察　午後　陶芸		
9	10.4(水)	健康づくり(3)	確認しよう？　自分の体力：身近にできるトレーニング		
10	10.6(金)	カレッジ合同生涯学習の楽しさ(1)	佐倉市民カレッジ　第11回スポーツフェスティバル		
11	10.18(水)	課題学習(3)	学び合い学習に向けて③	課題学習(4)	学び合い学習に向けて④
12	11.1(水)	学び合い学習(1)	歴史コースを招待して健康づくり	学び合い学習(2)	情報コースを招待して健康づくり
13	11.8(水)	学び合い学習(3)	歴史コースによる佐倉の史跡案内	学び合い学習(4)	情報コースによるパソコンイベント

（以下省略，佐倉市市民カレッジホームページより作成）

つ：県教育庁単位）—地方学園（8ブロック：教育事務所単位）—地域学園（26個：市町村教育委員会単位）の3つの層位のもとに，きめ細かな学習機会が提供されており，2005年度においては，総計652名の受講があった（宮崎県長寿学園，2007）。

4節　民間などにおける社会参加の場

いうまでもないが高齢者の学習・社会参加の場は，福祉や教育の行政系列のもの以外にも，NPOや民間団体，企業などさまざまな母体から提供されている。以下，これらのうち世界的な広がりをもつ高齢者の学習・社会参加の場の一例にふれていく。

▶1　第三期の大学

老人大学という「大学」が日本独自の高齢者教育の場であるのに対し，欧米では「第三期の大学★」という名称から，類似の学習機会が組織化されている。ここでいう第三期とは，仕事や子育てなどが一段落ついて，自分自身の自己実現に打ち込める時期をさす。厳密には年齢と対応しないが，おおむね50代から70代前半あたりの層をさすものと考えられる。

第三期の大学には，既存の大学の校舎やスタッフなどのリソースを活用するフランス型と，既存の大学から距離をおき地域のネットワークを活用するイギリス型とがある（生津，2006）。世界全体ではフランス型のモデルのほうが多く，大学開放事業の一環として，高齢者の社会参加と学習の場として普及している。しかし理念的にはイギリス型のモデルにも注目する必要があろう。というのは，既存の大学で大学教授などによる授業を受けることは第二期モデルに倣うものでもあり，自分たちの人生から意味と洞察を引き出すという第三期ならではの学習モデルから離れてしまうからである（Huang, 2006）。しかし一方で教授方法の質や訓練という点では，現実的にはイギリス型にも課題が残るようでもある。

▶ 2 エルダーホステル

エルダーホステル★は，1970年代半ばにアメリカで起こった教育運動で，その10年後に日本でも開設された。高齢者の旅と学習と大学の寮などでの宿泊とが融合したプログラムである（ミルズ，1995；福嶋，2006）。重要な点は，高齢者が旅と宿泊と学習とを統合させた空間で社会参加をしているという点である。活発に社会参加活動を行なう高齢者像を彷彿とさせる。

日本ではNPO法人エルダーホステル協会が運営している。大学との連携はあまり密ではないが，一方で，旅と学習・講座との連携が活動の中心にある。高齢者にとっての「旅の教育力」の問題を改めて考えてみることも重要だろう。

▶ 3 シニアネット

シニアネット★は，高齢者どうしのインターネット上のコミュニティといえる。1986年サンフランシスコ大学のファーロング（Furlong, M.）によって開設されたものがその発端だとされているが，彼女は，インターネット上のコミュニティ参加を通して高齢者の社会的孤立の克服を目的としていた。アメリカのシニアネットは現在4万人の会員数を有しているが，日本でも近年シニアネットの普及が進んでいる（松尾，2002）。またすでに過半数の高齢者がパソコンを所持し，インターネットを利用しているという調査結果もあるだけに，ネット上のコミュニティは，新しいタイプの高齢者の社会参加の場として開かれていくであろう（大阪教育大学生涯教育計画論研究室，2006）。

5節　発達資産としての高齢者の社会参加の問題

以上，いくつかの高齢者の社会参加の場をみてきたが，最後に発達資産という観点から，高齢者の社会参加と学習の問題を点検してみよう。そうするとこの時期の人の発達資産は，人生の他の時期の人のそれとやや異なった様相を帯びていることがわかる。というのは青少年にとっては教育や学習の問題は，文化的に価値づけられた知識や技能を人生の先輩から学ぶという側面を有するの

に対し，高齢者の場合は，こうした教育観がストレートにあてはまらないからである。つまり先人が築き上げた発達資産を継承・発展させるという点を軸にしていては，この問題をうまく説明しにくくなるということである。

　高齢者の発達資産という場合，まず高齢者自身が他の世代への発達資産になることが重要となる。ここで留意すべき点は，高齢者の人生経験や経験の知恵・技能が，次世代への発達資産となるという側面にとどまらないという点である。たとえば認知症の高齢者であっても，その存在そのものが他の世代の層に1つの人生を見せるという意味で学習への資産となりうる。また戦争体験などの負の遺産においても，反面教師としての発達資産にもなりうる。重要な点は高齢者の経験をいかに教育的にとらえ返すかという点である。

　また高齢者自身にとっての発達資産という側面もある。たとえば住み慣れた地域の風景などは，長年そこに住み続けた高齢者にとってこその発達資産であろう。長年連れ添った配偶者や親友，近隣集団もまた高齢者にとってかけがえのない発達資産であろう。

　さらにもう1つ高齢者ならではの発達資産がある。それは狭く限定された自己の人生の有限性を超え，次世代の視点や遠い過去とのつながりの視点から，現在の問題を考えるという点である。遠い未来と過去との間に自己が厳存するという事実への自覚こそが，高齢者の学習と社会参加をユニークなものにするといえる。もちろんこうした視座は若年者においても存在する。しかし，老いと死の問題がより切実な問いとなり，人生の有限性の感覚が逼迫する高齢期においてこそ，こうした実存的課題はより重みのあるものとなるといえる。人間の歴史性のなかに身をゆだねてみえてくる知見こそが，とくに高齢者において鮮明な発達資産であり発達遺産でもあるのであろう。「時の感覚」あるいは「エイジングの知」ともいえる資産なのである。

推薦図書

- 『エイジ・ウェーブ』　ケン・ディヒトバルト（著）／田名部昭・田辺ナナ子（訳）　創知社　1992年
- 『老いの泉（上）（下）』　ベティ・フリーダン（著）／山本博子・寺澤恵美子（訳）　西村書店　1995年

- 『高齢化社会への意識改革』　関口礼子（編）　勁草書房　1996年
- 『教育老年学の構想』　堀　薫夫　学文社　1999年
- 『教育老年学の展開』　堀　薫夫（編）　学文社　2006年

まとめ

12章 学習のための資産形成に向けて

1節 資源，資本と資産

　人が成長する時，生涯にわたる発達段階に沿いながら，どのような資産が必要となり，成長を支えていくかという点について本書では考えてきた。各章の考察に加えて，最後に本章では，そこに一貫する生涯学習の視点をまとめるとともに，発達資産という視点の問題点と有効性，課題について考えたい。

　まず，資産という，教育上はこれまであまりなじみのない言葉についてである。資産という言葉に似たものとして，私たちは資源や資本という言葉を使う。資源は，何かを作り出す源という意味をもち，また資本は生産や経営といった経済活動の元手という意味で使われる。これに対して，資産という用語は，資源や資本をもとにして作り出された生産物という意味がある。したがって，私たちの生活や人生，社会のなかで作り出されてきたもの（資産）をさらに教育や学習，ひいては私たちの発達のために活用しようという意味で発達資産という言葉を用いている。

　資本，資源については，教育経済学や教育社会学でも検討されている。たとえば，教育社会学では，資本という視点からの教育活動の分析が行なわれてきた。とくに有名なものとしては，フランスのブールデュー（Bourdieu, P.）の文化的資本論がある。

　彼は，日常の自由時間の使い方，用いる言語や会話，食事の仕方や好きな料理，好みの音楽や映画，服装や生活道具や家財にいたるまで，人が趣味と呼び選択的に行なう活動とその具体化した財にその人の階級的な特徴がみられるとした。彼は，人がその属する階級により趣味に大きな差異（ディスタンクショ

ン）があり，趣味を含む日常の文化的資本が学校生活や家庭生活を通じて次世代に伝わり，階級の再生産が行なわれることを実証的な解釈を加えてあきらかにした。

とくに，階級によって異なる生活習慣とその知覚の型を，彼は「ハビトゥス★」とよぶ。人の身についたハビトゥスや言語は，文化的な資本の1つの形態である。それらが文化的な財として所有され目に見える状態をとったものが第2の形態で，書物や絵，家具などの財産として現われる。これらの文化的財産は，人が他者と異なるという卓越化の利益と自分の存在が正統だと感じさせる正統性の利益を人にもたらす。第3の形態が，制度化された文化的資本としての学歴資格である。学校教育制度は生徒を分類し，評価の高い正統的慣習行動を行なうものとそうでないものに分け，それぞれの教養の必要性を計画的に定めていく。この分類と公認された差異化は，各個人に差異の存在が当然で自然のことという信念を生み，自分の存在を公認の存在へと認めさせ，現実の差異をさらに生産し，正当化して，学歴の価値を増していくのである。文化的資本が蓄積され形成される場として，彼はとくに学校と出身家庭を想定し，それぞれの場でハビトゥスが後天的に長期の教育的営みのなかで形成されると考えた。

このような資産の格差は，文化的な再生産の問題だけではなく，同一世代のなかでも，高い学歴保有者ほど学習活動への参加率が高くなるという生涯学習における学歴のマタイ効果★を生む。また，文化・教育施設の都市への集中が学習機会の格差を生むという地域間格差の問題もある。いろいろな社会が文化的な資本を豊かにもつ層と貧しい層に分かれ，その格差を拡大する可能性がある。

こうした格差の是正のためには，発達の早期の段階から貧しい層に向けて発達に必要な資産を提供できる制度的な工夫を図ることが重要となる。まず，生涯学習のシステムそのものが個人の幸福という目標にとどまらず，集団としての共生と社会の持続的な発展へとその重点を移していくこと，そして，個人資産の蓄積と同時に，社会的な資産の提供と共有化を考えていく必要がある。また，個人が身につけた資産は，けっして特定の場所に固定するわけではなく，個人自体が移動していくことを前提とし，流動する資産としてとらえる視点も

まとめ

必要となってくるだろう。

2節　共に生きることを学ぶ過程

　生涯教育や生涯学習という考え方は，ユネスコやOECDなどの国際機関が学校教育や成人教育の問題点を克服するために，各国の専門家や行政担当者が種々の国際会議を通じて議論を行ない，その過程で提案してきたものである。20世紀後半以降とくに1990年代からは専門家や行政担当者に加えて，非政府機関（NGO）や実践的な教育者，学習者自身もこうした国際会議に参加するようになり，知識社会という文脈のなかで多様な分野の知識の共有化が図られるようになってきた。ユネスコが21世紀の教育のあり方を提示するために行なったプロジェクト「21世紀教育国際委員会」もまた各国の教育の専門家を集めて行なわれたものだが，1996年に刊行された最終報告書「学習：秘められた宝」（邦訳は1997）は，翌年ドイツで開催された第5回国際成人教育会議の議論の基礎とされた。

　この報告では，生涯学習に4つの柱があるという。①知ることを学ぶ，②なすことを学ぶ，③共に生きることを学ぶ，そして④人として生きることを学ぶ，である。それぞれに，①私たちがいかに学ぶかを学んで自己学習能力を身につけるか，②学んだ知識を自然や社会の体験学習を通じていかに実践に結びつけるか，そして，③すべて相互に助け合って生きることや共通の努力により，共に生きることを学ぶか，最後に，④自らが人間として生きることをどう学ぶか，であり，いわば生涯学習の4つの目標である。

　4つのうち，3つは1972年のフォールレポート（"Learning to Be"，邦訳『未来の学習』）に記されていたが，90年代に新しく加わったのが「共に生きることを学ぶ」という柱である。この柱は，世界的にNGOの国際会議への参加が活発になり，住民参加による地域づくりが行なわれ，参加型の学習法が普及するなかで，地球市民教育を目的とした相互理解と，生涯学習における人間関係の重要性を強調したものといえる（表12-1）。

　共に生きることを学ぶ方法には，次の2つの基礎がある。第1に，他者の価値を発見し，理解することであり，そのために人はすべて相互に依存し合って

表12-1　生涯学習の4つの柱

知ることを学ぶ learning to know	知識・技術	個人↓
なすことを学ぶ learning to do	実践	
共に生きることを学ぶ learning to live together	共生	集団
人として生きることを学ぶ learning to be	生きがい	

生きていくことが教育によって教えられなければならない。「他者とその歴史，伝統，価値観などに対する理解の増進と，それに基づいた相互依存の高まりへの認識と将来の危機や諸問題に対する認識に支えられて，人々が協力したり，不可避な摩擦を知性と平和的な手段で解決できるような新たな精神の創造」（ドロール，1997，p.14）が，「共に学ぶ」という学習である。

　同時に，他者を理解するためには自分をよく知るということが大切になる。自分をよく知ってこそ他人の身になって考え，理解できる。その両方を知るためには，対話や討論によって多くの出会いをもつことが重要となる。

　この点を発達資産の視点から考えれば，個人に経歴，思い出，多様な経験，知識，技能，業績，生活習慣があるのと同様，他の人や組織，社会にも長い歴史，伝統，文化，ルール，働き方といった内的資産がある。また，自分たちの国や社会に限らず，他の地域，国にもそれぞれの言語，価値観，生活習慣，伝統，歴史，文化といったものが目に見える形となった外的資産がある。そうしたものの理解が，共に生きていくためには非常に重要だということになる。「世界遺産」がなぜ必要とされるか，私たちがさまざまな文化資産をなぜ大切にするのかという理由もそこにある。個ではなく種の存続や共生・共存の思想がそこにある。

　第2の基礎は，他の人と共通の目標を設定し，共通の行動をとることである。共通の努力を行なうことで，他者との差異よりは共通点を見出せるようになる。学校教育でも早期から他の生徒や教師，地域の多くの人との共同作業ができるプログラムが重要となる。

　「共に生きることを学ぶ」という柱のなかの2つの側面は，他の学習形態で

まとめ

```
共に気づき（情報共有，観察／発見）
  →共に想い（共通理解，合意／選択）
    →共に行い（体験共有，実践／協働）
      →共にふり返り（課題共有，記録／反省）
        →新たな気づき（創造と生産，感動／進歩）
```
図 12-1　人と共に学ぶ過程

も展開できる。その理由は，個人学習が共同作業を通じて共同学習の場へと変わり，個人に埋もれた多くの才能を引き出す可能性をもち，知や感情の共有化をもたらすからである。報告書の副題「秘められた宝」には「農夫とその息子たち」の寓話からの喩えだが，個人に秘められた宝を共に生きることからの学習によって引き出す（educate）という意味がある。ドロールは，その巻頭論で「個人個人の隠れた才能はいかなるものであっても，それを伸ばさないで放置されてはならない」(1997)と述べる。共に生きることを学ぶ共同の作業や協働の学習によって，学習者一人ひとりが，自分のもつ多くの資産をさらに引き出し，新たな気づきや資産の創造をもたらしてくれる（図 12-1）。

たとえば，個人学習において，情報収集から知識の創造にいたるプロセスは，「情報（収集，あつめる）→知識（整理，まとめる）→理解（経験，わかる）→知恵（活用，つかう）→創造（表現，つくる）」という段階でとらえられる（山本，1996a）。このそれぞれのプロセスを「共に生きることを学ぶ」という視点で置き換えると図 12-1 のように，個人学習をさらに豊かにしていく可能性が生じる。情報を共有して共に気づくことから，共通の理解をもち，実践で体験を共有し，課題を共有化することから，新たな気づきを得て，個人と組織，地域社会の進歩へとつなぐことができる。個人資産の共有化を図れば，公共資産と個人資産の両方を豊かにできる。

3節　資産の蓄積と共有化を図る

▶1　基礎的な個人資産

(1)　基礎的な学習の資産

個人の資産から社会の資産へと資産の展開を図る際に，まず具体的にはどの

12章　学習のための資産形成に向けて

		流動資産	知識,性格,感性,短期記憶,技術・技能,資格,人間関係
	成人の資産 青年の資産 少年の資産 乳幼児の資産	固定資産	基礎（体力,学力）,生活習慣 学習法,人間関係,技術,記憶

学習の資産形成

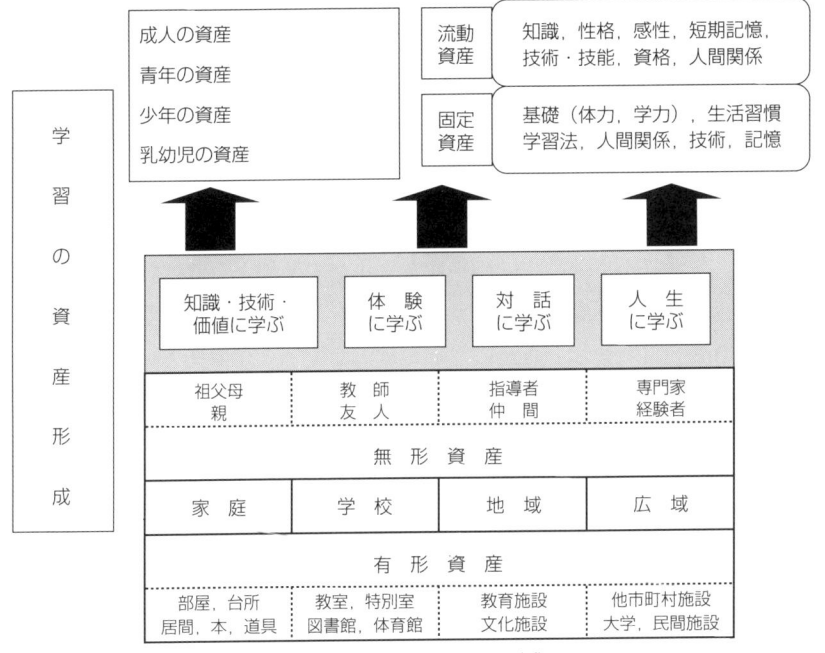

知識・技術・ 価値に学ぶ	体験 に学ぶ	対話 に学ぶ	人生 に学ぶ
祖父母 親	教師 友人	指導者 仲間	専門家 経験者
無 形 資 産			
家 庭	学 校	地 域	広 域
有 形 資 産			
部屋,台所 居間,本,道具	教室,特別室 図書館,体育館	教育施設 文化施設	他市町村施設 大学,民間施設

図 12-2　学習のための資産形成

ような資産を蓄積し，共有化を図ればよいのだろうか。資産によっては，共有化が図れるものもあるし，そうでないものもあるだろう。図 12-2 は，発達資産の内容について，家庭や学校，地域の外的な資産を有形資産，無形資産として考えたり，内的な資産を，固定資産，流動資産という視点から考えた例である。当然，外的な資産でも固定資産や流動資産があるし，内的な資産にも有形資産や無形資産があろう。個人の内的資産の発達環境として外的資産があるが，他方，個人の内的資産の発達自体が他の人の外的資産として利用できる。

　しかしまず，個人の内的資産の土台をつくることが重要である。その土台は，人々が望む生活に必要な基礎的な学力である。1990 年にタイのジョムチエンで開催された「万人のための教育世界会議」（Education for All）では，この点についてふれ，個人の基礎的な学習ニーズが次の 2 つからなるという。

　（基礎的な学習の）ニーズは人間が生存し，自らの能力を十分に伸ばし，

まとめ

尊厳をもって生活し，働き，開発に全面的に参加し，生活の質を高め，知識に基づいて判断し，学習を続けるのに必要な不可欠の学習手段（識字，音声による表現，算数，問題解決能力など）や基礎的な学習内容（知識，技能，価値観，態度など）の双方からなる。（「万人のための教育世界宣言」第一条一項）

つまり，生活に不可欠の手段の学習と，生活の基礎となる学習内容を基礎的な「学習資産」とよぶならば，そうした学習資産はまず家庭や学校で提供される必要がある。さらに学習資産の形成だけでなく個人が蓄えていく必要があるのは，自分がどのような仕事に適し，何ができ，どのような役割を社会で果たしていけばいいかという問題に答えられる資産であろう。そうした資産には，自己を知るためのプロファイリング（自己分析用ファイル）と，ポートフォリオ★（自分が何をしたかの経歴）がある。そして，個人が社会とつながっていくうえでの資産，社会関係資産がある。

(2) ポートフォリオとプロファイリング——自分を知る

基礎学力の成果を含めて，自分がどれだけの学習や仕事をしてきたかを，他の人に示す個人ファイル（それは電子的に保存されているものも含め）をもつことが望ましい。こうした個人ファイルをポートフォリオといい，たとえば，地域によっては，学習歴を「生涯学習パスポート」としてまとめる試みを行なっている例もあるし（浅井，2006），形式張らないものでは，個人的な日常記録（日記やアルバムなど）をつくったり，体系的なものとして，自分史にまとめることも行なわれている（山本，1996b）。

これらのポートフォリオは，自分自身のモニタリング（客観的なデータによる観察）に役立つ。自分の特徴（年齢，性，体重，職業，出身），自分がもつもの（知っている言葉，知識，情報，社会関係）をよく知ることによって，自己の理解のためにいろんなものさしを使うことができる。日常的に体重などの健康記録を管理したり，住所録を整理したりしながら，自分自身がどのような状況にあるかをいつもプロファイリングしておくことは，体調の異常に気づいたり，欠点を是正して人間関係を修復したりするという日々の成長につながるからである。

(3) 社会関係の資産——人を知る

　自分が関心をもち，好んで学んだことや得意なこと，人よりも優れた能力，蓄えた専門的な知識や技能などの個人資産を蓄え，プロファイリングにより自分の適性と資産を相互に評価して，自分自身というものを理解していけば，自分に何ができ，何ができないか，自分には何が向いているかがしだいにわかり始める。特定の能力や仕事，好き嫌いを青年期まで（あるいは定年を迎えてからも）試行錯誤で探っていくという生き方もある一方で，大きな展望をもって計画的に実践していく生き方もあるといえる。

　いずれの生き方をとるにしろ，個人資産の発達に大きな影響を及ぼすものに，その人に関わる人間関係がある。ある人がどのような人間関係をもつかによって，その人は，勇気，元気といった精神的な励ましだけでなく，仕事のチャンスや物的・経済的・文化的で実際的な支援，他の新たな人とのつながりなどを手に入れられる。

　私たちはだれでも，親や子，上司，先輩，後輩，友人といった家族関係や職場関係をもつが，そのなかに自分に大きな影響を与える重要な他者がいるかどうかは，その人の人生の大きな人的資産，社会的資産となってくる。たとえば，金銭的な支援者パトロン，政治的支援者，知恵や技の師匠，チューター，情熱や生きる力を与えてくれる太陽のような人である。そしてたとえ，特別な人がいなくても，普通の人々からどれだけの力を引き出していくことができるかは，その人の社会関係の資産の活用力といえる。近年，この力を含めた概念として，コンピテンスという能力が注目されている。

▶2　資産発達へのきっかけ

(1)　有能感とコンピテンス

　本書の各段階において有能感の重要性が指摘されてきた。有能感，効力感あるいは自己効力感は，自分が他の人に役に立っているという感覚であり，子どもの時から高齢者までどんな人でも，その感覚をもつことが，学習や社会参加，成長と発達への重要な動機づけとなっている。この点について，自己の効用感をコンピテンス感覚として説明したのが，精神分析学者のホワイト（White, R. W.）である。1970年代にマクレランド（McClelland, D.C.）や

まとめ

　スペンサー（Spencer, L.M.）がコンピテンスの社会心理研究に入る以前から彼はコンピテンスとその感覚概念を提唱している。

　ホワイトによれば，人は自分ができること，できないことを知っていく。そしてできることだけを学習して満足するが，できないことをしようとすると不安になる傾向が強くなるという。自分に何ができるか，という感覚がその人の自尊心の基礎になる。「効力性への強い関心が，たとえようもなく深く，人間の本性に埋められている」（ホワイト，1985, p.251）のであり，どんな人にとっても，自分が何ができて，何ができないかということの有能感が非常に大切である。この有能感，コンピテンスの感覚が，人の自我のエネルギーの基礎になる（逆に「あなたは，何もできない」という言葉はすごく人を傷つける）。いろんなことに挑戦しようとする心は大切であり，何かができるようになれば，他の人に対して役立つ力も，自我のエネルギーも大きくなって，人間としての成長をもたらす。

(2)　キー・コンピテンシー

　さらに近年，コンピテンスは，従来の「何か特定のことができる」という意味での狭い能力の概念ではなく，関心や価値，規範という潜在的な動機づけの要素から，知識や技能，感情や態度，行為や行動といった表出化した要素までを含む広い能力を意味する概念となりつつある。

　2003（平成15）年にOECD（経済協力開発機構）は，ユネスコをはじめとする国際機関や欧米の代表的な研究機関と協力し，OECDの12の加盟国の参加を得て，「読み，書き，計算する力とともに，どんなコンピテンシーを身につければ，人生の成功や幸福を得ることができ，社会の挑戦にこたえられるのか？」という問いへの回答として，優れた人々に共通する特性，世界各国で求められている共通のコンピテンシーを定義した。それが図12-3に示した，今後の世界で重要な「鍵となる能力」，キー・コンピテンシーである。そこには，言葉，知識や技術を用いる道具活用のコンピテンシーと，自律的に活動する個人形成のコンピテンシーと，社会的に異質な集団で交流するという，人間関係のコンピテンシーが含まれる。

　このコンピテンシーは資源としての意味だけではなく，「資源をふさわしい時，複合的な場面で適切に動員（mobilize）し，組み合わせる（orchestrate）

12章　学習のための資産形成に向けて

```
         自律的な
         活動力
        /       \
       /  A 大きな展望をもつ
      /   B 計画を設計し実行する
     /    C 権利や要求を表現する
    /
  考える力
 (Reflectiveness)
  /        \
相互作用的な    異質な集団で
道具の活用力    交流する力
A 言語、シンボル等を使う   A 良好な関係をつくる
B 知識や情報を活用する     B 共に働く
C 技術を活用する           C 問題を解決する
```

図 12-3　キー・コンピテンシー

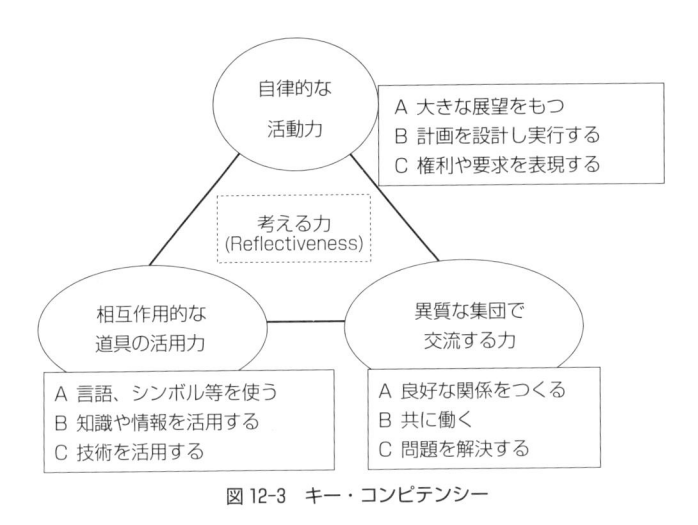

能力を含んでいる」（ライチェン，2006，p.68）。つまり，いろいろな資源を結ぶ「鍵」としての機能を果たすものであり，同時に「コンピテンスの基礎となるモデルは，包括的（ホリスティック）で動的なもの」（ライチェン，2006，p.69）である。複雑な需要や心理社会的に不可欠な状況といった複雑なシステムのなかで，高度な能力を文脈に応じて組み合わせて効果的な行動ができるように総合する力が，「キー」とよばれるゆえんなのである。

▶2　まちづくりと資産の共有化

個人資産という土台を形成して多くの人々が資産形成を行なう一方で，公共の空間や時間，施設，人材といった資産がまちづくりのために重要となる。地域の資産形成においては，住民が大切な資産となる。住民は地域の大切な命であり，その生きる権利と義務を保証することが求められる（佐藤，2003）。こうした住民の社会関係を社会関係資本としてとらえ，アメリカ社会での地域社会崩壊の危機を示唆する政治学の研究（パットナム，2005）や，コミュニティの健康や教育水準の向上を含めて地域の生涯学習にとっての重要性を提示するイギリスの研究も現われてきた（Field，2005）。

住民が自らの大切な命を育み，生涯にわたって発達し，成長できる外的な資産が地域に求められる。とくに生涯発達の資産としては，次のような資産が重

まとめ

要となる。知ることを学ぶためには知識や技術，価値観を伝える本や教材，専門家や教育者と，そのための教育施設である学校，図書館，博物館とその内容が，なすことを学ぶためには体験を共有できるイベントやプログラムが，そして多様な人々との対話の機会には地域の人材や社会関係資産が重要な意味をもつ。そして，人として生きるためには，一人ひとりの人生が重要な価値と権利をもつ。一人ひとりが生きる価値と権利をもった存在だからこそ，その資産価値の向上により，地域の重要性もまた高まっていく。

　従来は，施設などの有形資産にのみ注目した生涯学習プランが地域で考えられてきたが，無形資産や流動資産の面にも注目し，その資産価値を高める生涯学習プランを作成する。子どもたちの新しい発想や高齢者の知恵を無形資産として活用する。こうして，地域，学校，家族そして職場の発達資産を増やすことによって，人々が学習しやすい環境の資産を確保し，学習者個人の発達資産を増やすことを，地域の生涯学習推進の大きな目標にしていくのである。9か国の生涯学習政策の課題分析を行なったOECDの報告書『Beyond Rhetoric』(2003)によれば，こうした地域のベスト・プラクティスを集積することが生涯学習の質的向上につながるという。

▶3　高水準の資産形成へ

　資産を個人から公共のものへと広げて考える一方で，その質を高めていくことも重要である。心理学者マズロー（Maslow, A.H.）は，人間の動機づけの理論をまとめ，人が動機づけされていく5つの基本的欲求をあげている。それは，生理的欲求（身体の自動調節機能や食欲），安全欲求（安全や依存，保護など），所属と愛の欲求（人の愛情や定住，定職など），承認欲求（自尊心欲求や有能感），自己実現欲求（自己の適切性や自己表現）である。これに応じて，内的資産と外的資産をレベル別につくったものが図12-4である。左側は，自己を中心にした内的資産を，右側は，外的資産のレベルを示した。内的資産の内容を①心と健康，②生活と学習の習慣（知識・技能），③人間関係，④道具の活用（仕事と遊び），⑤生き甲斐，として，それに対応する外的資産をあてはめていった。生き甲斐以上に高いレベルでは，個人と他の人々の両方が結ばれるような感情や理性の共有化が起こる資産内容であろう。それは，多くの

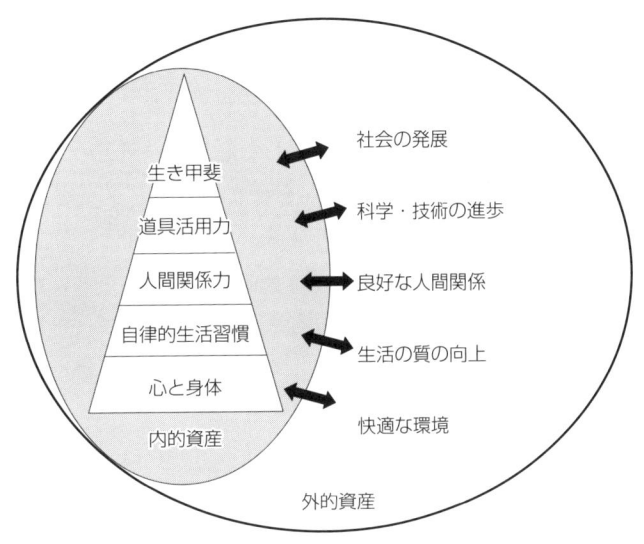

12章　学習のための資産形成に向けて

図12-4　資産の水準を高める

人々が得られる共感や共通理解，感動ではないだろうか。

4節　発達資産の課題と活用

▶1　発達資産という視点

　ここまで私たちは，成長にともなって蓄積されていく内的資産と外的資産という発達資産について考えてきたが，最後に，発達資産という視点にともなう課題を考えておきたい。

　発達資産の視点が最も誤解を受けやすいのは，人間の心や身体をモノとしての資産という視点からとらえる危険性であろう。これは，資産という言葉に物質的で経済的な意味があることから生じる問題である。人を経済活動の対象とみることへの批判の例として，近代化の過程で学校が産業社会の生産活動に必要な人材（人的資産）を生み出す工場だと批判するポストモダン教育論がある。テレビやメディアがおもちゃやゲームなどの商品販売と連動した内容を提供し，子どもたちを消費者として再生産するというメディア・リテラシー論もある。医学の領域では人の臓器を商品として扱ったり，科学の領域では「頭脳

まとめ

流出」という用語例がある。

しかし，心や身体を経済的で物質的な視点だけでみることには限界がある。経済的な視点ではまるで人が生産手段であったり，消費されるモノであるかのように誤解される危険性をともなう。こうした危険性の回避のためには，心と体，理性と感情を切り離したりせず，人をホリスティックな視点からみること，命の尊厳を図ることが重要な観点となる。本書で資産という言葉を用いるねらいは，人間の成長を個人と社会の両面から，心と身体を共に育てることを目標として，物質的に精神的に支援する方法とそのエネルギーを探ることにあり，けっして成長する人間を「モノ」としてだけ切り離して扱うことを考えてはいない。

他方で，経済的な視点を取ることの長所もある。それは，私たちがもっている心や身体のエネルギー，時間や空間といった資源は無限ではないという視点である。限られた学校の教育時間や学習時間，費用や内容をどう効率的に運営し，配分するかという問題，国や企業が「限界なき成長」という視点からではなく，地球環境の限界を考えた「維持的発展」をどう図るかという問題，そして個人でも1回限りの人生，1つだけの命をどれだけ大切にして生きるかという問題である。その時限られた資産の活用（無駄をなくす，無駄の効用を図る，もったいない）と蓄積という視点は重要な意義をもつのではないだろうか。

▶2　発達段階説から創発説まで

第2に，発達段階という視点の問題である。本書では幼児期から高齢期までの発達を取り扱い，発達課題論による説明をしてきたが，各年齢段階ごとに発達課題があるという仮説は，正しいのだろうか。こうした仮説の代表的なものとして，心理学や脳科学では，臨界期仮説★が問題とされることが多い。たとえば，社会心理学者のガーゲン（Gergen, K.J.）は，この問題に対して安定説，段階説，創発説があり，それぞれ一長一短があるとする。

代表的な安定説にフロイトの人格形成理論がある。彼は，人生の最初の6年間が成人してからの性格を決定する重要な期間だという。幼児期の精神構造や行為のパターンが生涯を通じて安定的に維持される。初期の学習がその後の経

験を強く方向づけるという。フロイトをはじめとした説の裏づけには多くの事例研究がある。現代でも初期体験が成人の行動に影響するという説に立つ科学者や人々が大勢いる。ただし，事例研究による実証には問題がある。それは解釈によりいろいろな説を展開できるからである。人生には多様な出来事があり，そのなかから解釈に都合のいいものを集めれば理論が支持できる。この説への批判から学ぶべき点は，人間の発達に関して特定の仮説だけを支持することの問題であり，発達過程で得られた習慣や特性が周囲の環境によって容易に変化するという点である。

　段階説は，発達過程を時間にともなう変化のパターンとしてとらえ，変化により各段階が構成されるとする考え方である。この仮説は近年の認知心理学の発展により支えられ，ピアジェの理論に代表される。しかし，認知的な発達過程を個体の発生過程ととらえても，環境からの影響は制御できないという批判がある。子どもたちの成長につれ，友人や地域社会との相互作用も増し，環境の影響が大きくなるからである。

　創発説は，発達に際し事前にプログラムされているものはほとんどないという考え方である。発達の予測は難しく，社会文化的な影響や偶然に左右されるという視点ともいえる。同じ文化のなかで生まれた人々であっても世代が変わると異なった発達過程をたどるというのである。世代が変わると育ち方が変わるという創発性の事例として最もわかりやすいのは，技術の進歩が人々の生活や発達に及ぼす影響だろう。たとえば，高度な情報通信技術の発展は人間の生活や成長だけでなく，脳の発達にも影響を及ぼしつつある。

▶3　インターネット環境の活用

　1980年代以降普及したパーソナル・コンピュータやインターネットの環境は，21世紀に世界中の人々の生活や教育を大きく変えた。専門家が独占していた知識や情報も多くの人に共有され，脳内記憶が少なくとも，ネット環境という外部記憶を活用して問題が解決できるようになってきた。パソコンの内部容量が向上するにつれ，知識や情報の資産も大きくなる。共有できる知的資産や社会関係資産の公開が新たな技術や社会進歩のきっかけとなり，ネット世界がリアルな世界を変えていく可能性を生みつつある。

まとめ

　こうしたメディアや道具を人々と相互的に活用できるコンピテンシーをもつ人々とそうでない人々との間に生まれる知的資産や社会的資産の格差という問題を抱えつつも，個人がもてる内的資産や内部記憶の量は想像を超えつつある。内的資産と外的資産を相互に活用していくことで，人間の脳の活用可能性はさらに大きく拡がり，生涯学習に大きな影響を及ぼすだろう。

5節　発達資産の活用のために

▶1　資産の選択とその基準

　さらに，発達資産を活用する際に，次の点に注意したい。
　第1に，本書では資産を価値あるものとしてとらえてきたが，資産によっては負の資産，つまり，負債も発生するという点である。実際の資産には，毎日の生活や学習のなかで，成長や発達にとってプラスになるものばかりではなく，失敗や傷ついた思い出，体験など成長や発達にとってマイナスにはたらくものも生じる。それぞれの発達段階で，いじめの体験や低い成績，失敗，離婚，病気などの負債をプラスの資産としてどう活用するかを考える必要がある。
　第2に，資産をすべて単にため込むだけでなく，どのような資産が重要かを

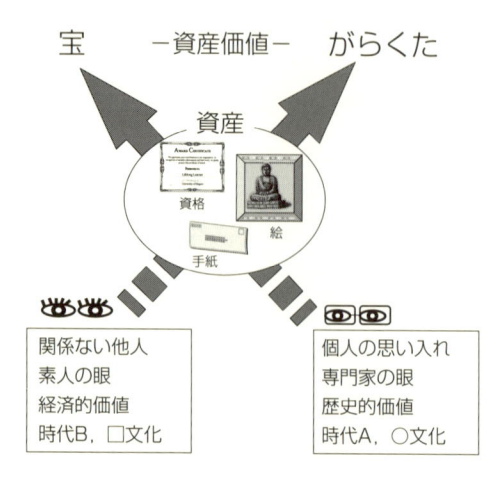

図12-5　資産価値は変化する

状況や発達段階で選択する必要である。同じ物でもそれが宝となるか，ガラクタとなるかは，見る人，時代，場所により変わる。資産のものさしが変われば資産の価値は変化する。自分の大事な宝でも人からみれば何の意味もないガラクタだったり，専門家にとって貴重な学術的資産でも一般の人には一文の価値もないガラクタかもしれない。生涯学習の発達資産を考える際の最大の問題は，ものさし自体が時代や場所によって変化するという点である（図12-5）。

▶2　流動する資産とその評価

　社会変動に対応する生涯学習の環境補償を考えるとき，1999（平成11）年のドイツ・ケルンのG8サミットで採択された生涯学習に関わる憲章は重要な指摘を行なっている。「すべての国が直面する課題は，学習社会となる方法であり，市民が次の世紀に必要な知識，技能，資格を身につけられるようにどう保証するかである。経済や社会はますます知識に基づくもの（ナレッジ・ベース）となっている。教育と技能は，経済的成功，市民的責任や社会的まとまりを実現するうえで不可欠である。次の世紀は柔軟性と変化によって定義される。そこにはかつてないほどの流動性（モビリティ）への要請が現われる。今日，パスポートとチケットは，人々に世界中どこへでも旅する自由を与えた。将来，流動性へのパスポートは，教育と生涯学習となるだろう。この流動性のパスポートは，すべての人々に提供されなければならない」（山本，2000）。

　生涯学習は，地域間，職業間，企業間の移動のための「モビリティへのパスポート」となる。モビリティに応じた生涯学習の資産を身につけるためには，世界の急激な変化やグローバリゼーションの文脈のなかで，流動性（物事が停滞せずにたえず流れ動く性質），機動性（状況に応じてすばやく行動できる性質）や可動性（状況に応じて動ける性質）という3つのものさし（尺度）から考えておく必要があるだろう。時代や場所が違うと同じ能力であっても，異なった社会的な評価が行なわれる。1つの資格をとったり，同じ絵を描くという行為が社会の価値観によってまったく異なった評価や扱いを受ける可能性がある。時代や文化が異なる社会であっても普遍的に重要な資産，共通して価値のある資産とは何か，を考える自分自身のものさしをもつことが求められている。

まとめ

推薦図書

- 『成人期の学習』　メリアム,S.（著）／立田慶裕・三輪建二（監訳）　鳳書房　2005 年
- 『キー・コンピテンシー』　ライチェン,D.S.他（編）／立田慶裕（監訳）　明石書店　2006 年
- 「ナレッジ・マネージメント」　立田慶裕・赤尾勝己（編）　現代のエスプリ：生涯学習社会の諸相　至文堂　2006 年

用語解説

■あ行

●アイデンティティ
「自己同一性」や「自我同一性」と訳され，エリクソンによって，青年期の発達課題として提唱された概念。「自分を自分たらしめ，一貫性や同一性を与えているものは何か」という問題に対する意識や確信であり，また自分がだれであり，「自分として何をなすべきか」という意識のこと。「自分以外の他者や社会によって承認され，認識される自己の同一性」をさす場合もある。

●アンドラゴジー
当初は子どもを対象とした教育学（ペダゴジー）に対し，成人を対象とした学問として構想されたもの。後に両者を連続的な教育概念の両端に位置づくものとしてとらえ直している。「成人の学習を援助する技術と科学」としてノールズによってその理論と実践の体系化が図られた。ノールズのアンドラゴジー論は実践的な示唆に富み，とりわけ「契約学習（learning contract）」と名づけられた技法は，成人に対する発達資産活用の支援として示唆に富む。詳しくは推薦書を参照されたい。

●生きがい
「生きる意味」や「人生の価値」とよばれるものであり，神谷（1966）によれば，生きがいには「対象としての生きがい」と「感情としての生きがい」があり，それらはいずれも，自分がしなければならないこと（義務感）と自分が本当にしたいこと（使命感）とが一致した時点において，生きがいの最大値を示すとされる。

●生きる力
主体性や問題解決能力，豊かな人間性や健康といった，全人的な資質や能力のことであり，「変化の激しいこれからの社会を生きる力」のこと。1996年の中央教育審議会による「21世紀を展望したわが国の教育のあり方について」という諮問に対する第一次答申のなかで，「ゆとり教育」の新たな目的の1つとしてあげられるようになった。この理念を受けて，その後の学習指導要領の改訂時に，「総合的な学習の時間」が創設された。

用語解説

●育児ストレス
子どもが親の言うことを聞かない，泣きやまない，母親としての自信がないといった理由から，イライラしたり自信喪失したり孤立感を深めたりするなど，育児のなかで母親が感じるストレスのこと。ストレスが高じると「幼児虐待」といった子どもへの暴力につながることもある。この背景には，子育ては母親の役割であるといった社会的な考え方がプレッシャーになっていると指摘されている。育児ストレスを軽減するためには，母親を取り巻く周囲の環境・サポートが重要である。

●インターンシップ
インターンシップとは，学生が在学中に，企業等において自らの専攻や将来のキャリアに関連した就業体験を行なうことをいう。平成17年度インターンシップ実施状況調査（文部科学省）によれば，調査対象の全国の国公立私立大学（714校）・短期大学（415校）・高等専門学校（63校）のうち，実施しているのは大学447校（62.5％），短期大学157校（37.8％），高等専門学校60校（95.2％），体験学生数は，大学約4万2千人，短期大学約4千人，高等専門学校7千人である。実施期間は，大学・短期大学・高等専門学校ともに1週間以上2週間未満の短期間のものが多い。

●インフォーマルな教育
家庭内の「しつけ」に代表されるような，組織的，計画的ではない教育のこと。教育には3つの教育様式があり，インフォーマルな教育以外は，学校教育のような組織的で一定の形態をとるフォーマル教育と，社会教育のように，組織的ではあるが，多様な形態をとるノンフォーマル教育がある。

●NPO（Non-Profit Organization）
民間非営利組織と一般に訳される。政府・企業から独立して，営利を目的とせず社会的な課題に取り組む事業を行なう組織。生涯学習の分野においても，地域課題に取り組む人々の共同の学習組織として，幅広く市民に教育事業の提供を行なう主体としてその役割が注目されている一方で，縮減された社会教育行政サービスの受け皿として利用される可能性も指摘されている。

●エルダーホステル
1975年にアメリカのニューハンプシャー州で起こった，高齢者による高齢者のための，学習と旅と大学などでの寄宿生活を兼ねた運動である。理念的には，北欧の国民高等学校やユースホステル運動とも近い。日本では1986年に「エルダー国際交流協会」が誕生したのがその発端だとされる。日本エルダーホステル協会の場合は，大学との関係が弱く，旅と講座とが合わさった形態がその主流をしめる。

●エンパワーメント
「力をつけること」を意味し，本来は，社会的に抑圧された状況にある人々が，自らの置かれた状況に気づき，問題を自覚し，自らを取り巻く社会状況や生活環境の調整や改善を図る力を身につけることをさす。教育学者のフレイレ（Freire, P.）の提唱により社会学的な意味で用いられるようになり，第三世界における先住民運動や女性運動，市民運動などの場面で用いられ，実践されるようになった。

■か行

●家庭教育手帳
家庭で親が子どもにどのように「しつけ」をしたらいいかなどについて記された，文部科学省が各家庭に配布している手帳のこと。育児不安を抱える母親や幼児虐待問題などを背景に，平成10年度の中央教育審議会答申「幼児期からの心の教育の在り方」のなかで，家庭でのしつけの重要性が強調されたのを契機に，子育てのアドバイスを盛り込んだ手帳を家庭に配布することが提言された。手帳には，乳幼児編・小学校低学年～中学年編・小学校高学年～中学校編の3冊があり，各種健康診断や学校などを通じて配布される。

●キャリア
キャリアの定義は多様であるが，その語源が行路や足跡や轍であるように，個人が自分で生きた形跡を意味する。金井によれば，キャリアとは「成人になってフルタイムで働き始めて以降，生活ないし人生（life）全体を基盤にして繰り広げられる長期的な（通常は何十年にも及ぶ）仕事生活における具体的な職務・職種・職能での諸経験の連続と（大きな）節目での選択が生み出していく回顧的意味づけ（とりわけ，一見すると連続性が低い経験と経験の間の意味づけや統合）と将来構想・展望のパターン」（2002, p.140）である。ただし，この定義は長すぎるため，通常「長い目で見た仕事生活のパターン」としている。

● QOL
原語は，quality of life。人間の生を量的にではなく，質的にとらえ直そうとする概念で，「生活の質」あるいは「生命の質」と訳して用いられている。環境破壊や人間関係の希薄化，ターミナルケアといった問題を背景にして登場した用語であるが，本人の主体性・自律性に基づいたQOLの向上が求められる。

●教師期待効果
ローゼンタール（Rosenthal, R.）らが指摘した「教師の子どもに対する期待が彼らの学業成績や学習意欲に影響を与える」現象のことで，別名ピグマリオン効果（Pygmalion effect）ともいう。予言の自己成就（self-fulfilling prophecy）のことで

ある。教師の期待には好ましい結果をもたらす場合とそうでない場合とがある。教師が，差別なく子どもの活動をほめ，励ますことが重要である。

●ケアリング
心配・気苦労・気づかい・不安・懸念・注意・世話・看護といった意味を含むケアの概念を中心に，人間の行動をみていこうとする倫理思想の1つであり，ノディングズによれば，ケアする人の「専心没頭」「動機の転移」と，ケアされる人の「認識」「自発的応答」の双方が必要とされている。

●結晶性知能
知能のなかでも教育・学習・職業などの経験によって育てられ，向上する知能。この経験を生かす結晶性知能の発達曲線のピークは60歳頃にあり，その後は低下するが，80歳くらいでも20代の水準を下回らないとされている。

●五感型人間
テレビゲーム，インターネット，ケータイなど電子メディアは，間接体験（バーチャルリアリティ）の世界をつくる。そこでは，直接生身の人間と関わらず，五感のうちの二感，すなわち視覚と聴覚だけが使われる。それが，つながる力（関係力）を弱めてしまうと指摘されている。五感を十分活用し，人間関係を豊かにする「五感型人間」の育成が求められている。

●子育て支援ネットワーク
地域における子育てを支援するために平成12年度から国が補助している事業。悩みや不安を抱く親に対して「子育てサポーター」とよばれる子育て経験者が相談・アドバイスをしたり，家庭教育に関する基礎知識の習得を支援したり，さまざまな施設が子どもの遊び場・親子の交流の場を提供したりすることで，親子だけでなく，親どうしや地域と家庭がお互いに連携して子育てしていくことがめざされている。

●子どもの参画
ハートの子どもの参画論は，日本において「参画のはしご」の概念で最も知られている。子どもの参加の権利に依拠しながら，子どもがコミュニティの成員として地域づくりに参画していく原理や過程を，はしごの図を用いて8つのレベルに分けて提示している。子どもの自発性と協調性に焦点をあて，それにかかわる大人側のファシリテーターとしての役割にも注目している。

●コンピテンシー
コンピテンシーの定義は，「高い成果を生み出すために，行動として安定的に発揮される能力」「高業績者（ハイ・パフォーマー）に共通してみられる行動特性」「ある

仕事や場面で、外部基準に照らして効果的、もしくは優れた業績を結果としてもたらす個人の潜在的特性」などさまざまである。しかし、①成果や業績に直結する能力であること、②行動として外的に顕在化しているかどうかで測定される能力であること、という点で共通している。

■さ行

●サービスラーニング

サービスラーニングは、学習経験を豊かにし、市民の責任を教え、コミュニティを強化するために、地域奉仕活動と教育を統合するもので、教えと学びの戦略として考えられた。学生が自発的な意思に基づいて、一定の期間、無償で社会奉仕活動を体験し、知識として学んだことを体験に生かし、また体験から生きた知識を学ぶものであり、わが国でも単位化する大学が出てきている。

●しつけ（躾）

生活様式・道徳・社会的マナーなど、社会・集団生活における行動様式を身につけるよう訓練すること。具体的な場面では「よいこと・悪いこと」の区別を教えるために「ほめる・叱る」といった態度がとられるが、言語獲得以前の幼児期にしつけと称して体罰などが与えられると、幼児の恐怖心はトラウマとして残り、健全な精神発達が妨げられることもある。近年では、家庭・地域・学校はそれぞれどこまでしつけを担うべきかといった議論などがある。

●実践コミュニティ

原語は、communities of practice。あるテーマに関する関心や問題、熱意などを共有し、その分野の知識や技能を、持続的な相互交流を通じて深めていく人々の集団（ウェンガーら、2002）。構成員が関心を共有する知識や専門分野の「領域」、相互交流する人々の「コミュニティ」、メンバーが共有するアイデア・ツール・情報などを生み出す「実践」の3要素がうまくかみ合うことで、実践コミュニティが成り立つとされている。

●指定管理者制度

2003年の地方自治法の改正により、従来地方自治体・公共団体・公共的団体にのみ許されていた公の施設の管理運営を、民間企業も含めて自治体が指定する団体に担わせることを可能にした制度。民間企業やNPOが公共施設の経営に参入することで、サービスの向上が期待されているが、行政改革の一環としてもっぱらコストの削減を目的に導入される場合も多く、サービスの低下や公的保障の後退が不安視されている。

用語解説

●シニアネット
中高年層のインターネット上のコミュニティで，新しいタイプの井戸端会議の場だといえる。1986年に高齢者の孤立防止をねらってアメリカで設立されたのがその発端だとされているが，その後2001年より，日本でもシニアネット・ジャパンが開設され，地域のシニアネットと連携を取りながら活動を続けている。地域のシニアネットでは，地域の学習センターにおいて，コーディネーターとリーダーが，学習プログラム作成や場の運営などに携わっている。

●市民モデル
地域において，子どもの育成に関わる大人は，子どもにとって身近な存在であり，また目標でもある。地域活動に参加する大人の姿は，自分もあのような大人になりたいという子どもたちの市民モデルになる。子どもが大人と豊かな関わりをもつこと自体が市民学習であり，将来の市民としての意識と力を獲得する機会になる。

●社会教育
学校の教育課程外で行なわれる青少年や成人を対象とする教育活動の総称。公民館や図書館，博物館，青少年教育施設などの社会教育施設を拠点とする活動や社会教育関係団体（子ども会，青年団，PTA，老人クラブなど），各種のグループ・サークルなどによる団体活動，通信教育や放送利用などの通信メディアによる活動など，きわめて多様な形態をとる。学校外の活動を重視する生涯教育・生涯学習の推進にとって，社会教育はとくに重要である。

●社会的自立
青少年育成施策大綱（内閣府）では，青少年が就業し，親の保護から離れ，公共へ参画し，社会の一員として自立した生活を送ることができることと考えられている。社会的自立を支援するため，職業相談および職業訓練の機会の充実，インターンシップ（就業体験）の充実，ボランティア活動の振興などが施策としてなされている。

●生涯学習
「生涯教育」の理念が教育サービスを提供する側の行政の立場を反映しているのに対して，学習する主体としての市民（住民）の立場を尊重するために生み出されたのが「生涯学習」の理念である。日本においては1980年代以降，この生涯学習の理念が国の教育政策の中心に据えられていく。2006年に改正された教育基本法では，第3条として新設された。自主的・主体的な学習が重要であるのはもちろんだが，この側面のみが強調されると，そのための条件整備の重要性が見失われるおそれもある。

●生涯教育
1965年，ユネスコの成人教育推進国際委員会において提起され，その後世界各国の教育改革論議において重要な役割を果たした理念。人間の生涯発達を支える総合的な教育システムを構築するためには，青少年を主たる対象とする学校教育だけでなく，学校以外の家庭や地域社会などにおける教育の役割も重要であり，両者が相互に連携・協力し，総合的なものにしていかねばならないとした。

●信頼，愛情
幼児期の子どもは，母親（あるいは，母親に代わる人）を中心に愛情と帰属意識を育んでいく。この時期に母親や家族と愛情深い信頼関係を築いておくことが重要であり，強い信頼関係とともに安心感を得られると，世の中の善意についても理解を得られるようになる。幼児期に家族を中心にした信頼関係を築けなかった子どもは，心の空洞化を抱えたまま思春期を迎える傾向が強いことが指摘されている。

●生活の実感化
今日，子どもの育ちがますます幼くなっていると指摘される。生活のなかで生じるトラブルや人間関係で起こる問題などに対する判断があまりにも未熟だからである。その背景には，子どもたちが生活に実感をもっていないことがある。人間が生活するにはさまざまな面があり，それらを体験し，具体的に知ることが問題に直面したときの解決力となる。その意味でも，子どもたちの生活を実感化する工夫が求められている。

●青年
内閣府では，青少年を「子どもと若者の総称（0歳からおおむね30歳未満までの者）」，子どもを「乳幼児期（義務教育年齢に達するまで）と学童期（小学生）の者」，若者を「思春期（中学生からおおむね18歳まで）と青年期（おおむね18歳からおおむね30歳未満まで）の者」，大人を「青少年期を脱した者」として用語を使用している。7章では，青年を青年期にある者としている。

●性別役割分担
「夫は仕事，妻は家事・育児」という考え方に代表される，性別に基づく固定的な役割分担。女性が働きつづけることを難しくさせる意識や制度，社会的地位の高い職業が男性に独占されている問題等，男女の格差を生む原因となっている。男性にとっても「男らしさ」の強制による抑圧につながっていることが指摘されている。女性の社会進出が拡大したとされる今日においても，家事労働の女性への集中など，性別役割分担それ自体の解消は進んでいない。

用語解説

●総合的学習の時間
2002年の新学習指導要領の実施にともない，「生きる力」を育てるために導入された。課題としては，国際理解，情報，環境，福祉，健康などの横断的・総合的な課題，児童の興味・関心に基づく課題，地域や学校の特色に応じた課題など，教科の枠を超えた課題が多い。生徒の主体性や学習意欲を引き出す体験学習や問題解決学習が重視されている。教師は児童の興味と各教科との関連を生かしながら計画・実践することが求められている。

■た行

●第三期の大学
人生の第一期は子どもが大人になるまでの時期をさし，第二期（25歳から50歳代くらいまで）は主に家族形成や仕事に従事する時期をさし，第四期は依存性や老衰のともなう後期高齢期をさす。この第二期と第四期の間の，ほぼ50歳代から70歳代前半くらいまでの時期が，イギリスのラスレット（Laslett, P.）らによって「人生の第三期」と名づけられた。この第三期は，自己実現と内的世界の充実の時期であり，こうした層の人びとを主な対象として1972年にフランスのツールーズで誕生したのが第三期の大学である。その後この大学は欧米や北米などに普及していったが，イギリスでは，地域のセルフ・ヘルプ運動による独自の型が示された。

●確かな学力
子どもにどのような力を身につけさせたいかという教育の根幹部分は，いつの時代も社会的関心の1つである。2002年の学習指導要領の改訂では，それまでの知識詰め込み型の教育観を見直し，「生きる力」の育成をめざす「ゆとり」教育に路線変更がなされた。しかし，本文でみたような学力調査の結果などから，学力低下が懸念され，翌年，新学習指導要領が一部改正され，「確かな学力」の項目が加えられた。

●地域親
地域親（コミュニティ・ペアレント）とは，地域の大人が地域の子どもに関心をもち，できるところで関わる人のことである。親身になって関わる点で地域の親といえる。その関わり方は多様で広い（第5章図5-2参照）。住民参加の時代，地域の子育て力，共育力として多くの大人が地域親になることが期待される。

●地域づくり・まちづくり
1960年代の高度成長期を通じて生じた都市化の波は，都市部だけでなく農村部にも都市的な生活様式の浸透をもたらし，共同体としての地域社会の機能を著しく低下させた。地域社会における教育機能の根幹をなす近隣地域の人間関係の希薄化もその1つの現象であるが，このような事態を解決するべく近年取り組まれ始めたのが，

地域住民相互の新たな人間関係の構築をめざす「地域づくり」や「まちづくり」の活動である。

●長寿学園
文部科学省系列で，1989年より委嘱補助が開始された都道府県レベルの老人大学をさす。厚生労働省所管の「明るい長寿社会推進機構」による広域的老人大学の設置とほぼ同時期に開設された。1990年代前半には，宮崎県長寿学園，愛媛県長寿学園，岡山県長寿学園，山梨ことぶき勧学院，秋田県グレート・アカデミー平成といった長寿学園が誕生したが，東京都や大阪府などの大都市には開設されていない。

●長寿社会
人生80年といわれはじめた1985（昭和60）年の『厚生白書』において，高齢社会という用語に代わって初めて用いられた用語。高齢社会から長寿社会への転換は，たんに言葉上の発想の転換ではなく，従来の社会的弱者への救貧的・保護的な社会福祉から，すべての人々の幸福を実現する社会福祉観への転換といった積極的な意味がある。

●トラウマ
個人にとって心理的に大きな打撃を与え，その影響が後々，長く残るような体験や精神的外傷のこと。たんに「傷」を意味するギリシャ語であったが，1917年，心理学者フロイトが，物理的な外傷が後遺症となると同様に，過去の強い心理的な傷がその後も精神的障害をもたらすことを『精神分析入門』において発表した。その際，精神的外傷を意味する用語として「trauma（トラウマ）」が用いられたため，現在のような意味として使われるようになった。

■な行

●ニート
ニート（NEET）とはイギリス発祥の言葉で，"Not in Education, Employment, or Training"の頭文字をとったもの。厚生労働省が2004年9月に公表した「労働経済白書」の中では，「非労働人口のうち，特に無業者として，年齢15～34歳，卒業者，未婚であって，家事・通学をしていない者」と定義されている。2005年のニートの数は64万人で，98年（46万人）より18万人増加している。

●認定こども園
就学前の教育・保育ニーズに対応する新たな選択肢として，「就学前の子どもに関する教育・保育等の総合的な提供の推進に関する法律」の施行にともない平成18年10月より制度化された施設で，幼稚園・保育所・子育て支援機能を総合的に発揮でき

用語解説

る仕組みとして構想された。認可保育所の待機児童問題や少子化にともなう施設の合理化に有効であるとされる一方，認可外保育施設を含むことや入所児童・保育料を市町村ではなく設置者が設定できることから，保育・教育水準の格差が拡がるのではないかという批判もある。

●ネグレクト
ネグレクト（neglect）とは，英語で「無視すること」を意味するが，日本では主に保護者などが子どもを，または介護者が高齢者・病人などに対して，必要な世話や配慮を怠ること。児童虐待や育児放棄を示す言葉として用いられることが多い。

■は行

●発達資産
アメリカで青少年のよりよい発達をめざして活動するNPO「サーチ・インスティチュート」が，1990年に提唱した比較的新しい概念。青少年の内面的な発達の構成要素を「内的資産」，またその内面的発達を支える社会的環境を「外的資産」とし，それらをより豊かに蓄積した個人がよりよい発達を遂げるとした。さらに，このような発達資産を豊かに蓄積した地域社会の重要性をも指摘している。

●発達障害
乳児期から幼児期にかけて，さまざまな原因によって生じる，心理的・身体的な発達の遅滞やゆがみ，機能獲得上の困難といった障害。全体的に発達が遅れ，知能障害がみられる「精神発達遅滞」，発達の仕方に大きな偏りがある「広汎性発達障害」，知的障害はともなわないが特定の分野に発達の遅れがある「学習障害」などが代表的。発達障害はすべて生物学的要因による障害であり，適切な治療により発達をうながし，改善することも可能である。

●発達力
子どもには本来成長発達する力がある。その意味で，子どもは発達資産を獲得し積み上げていこうとする力，発達力をもった主体である。そして，獲得した資産はさらに貯めたり，殖やしたり，交換したり，分けたりといった活用が可能である。それを実現するためには，大人，専門家，社会の適切な支援が必要である。

●ハビトゥス
ブールデューが唱えた文化的資本の1つの形態概念。精神労働への従事者と肉体労働への従事者では，労働の必要性からその生活条件も異なり，その差異が生活様式の差異や子どもの生活習慣の差異となって現われる。こうした階級的に異なる生活様式で育まれる習慣と趣味の能力がつくりだす行動や思考の型。各個人の生活慣習

や世界観，家計・時間・身体などの管理法，言葉づかい，衣服や仕事の選び方，倫理観や美学などに一貫する原理として作用する。

●ポートフォリオ
病院の個人カルテのような持ち運び用ファイル。ポータブルファイルという意味で二つ折りにした紙ばさみや折りかばん，書類入れやファイルを意味する。それが，目的をもった学習活動の資料や情報を長期間収集することから，そのための学習活動も意味する。欧米では成人学習の評価に活用され，近年国内でも，小・中・高校などでの総合的学習の評価や大学入試の資料として学校教育でも注目される。

■ま行

●マタイ効果
聖書のマタイ伝から考えられた社会学的概念。富める者がますます富み，貧しき者がますます貧しくなるような状況を生む効果。学歴のマタイ効果とは，学歴が高いものほど社会の高い地位についたり，ますます学習をするようになる現象をいう。

●メンタリング
メンタリングは，ギリシャ神話に語源をもつ「忠実な友人であり助言者である」という意味合いをもった言葉であり，研究者や医師や弁護士などの専門家教育において，その道の熟達者（メンター）が新参者の専門的自立を見守り援助する役割を示す概念として普及してきた。メンターの役割は，指導者や教育者というよりは，学習者に寄り添った相談者や助言者として，共感的な立場から学習者のキャリア発達を支援することにある。

●物語
一般的に物語とは昔話や神話や伝説をさすが，やまだによれば，物語とは「2つ以上の出来事をむすびつけて筋立てる行為」（やまだ，2000，p.1）である。物語は，ライフサイクル研究のように，分析する，分類する，要素に還元するといった近代の知の方法ではなく，ライフヒストリーやライフストーリー研究のように，つなぐ，重ねる，合わせる，育てる，といった関係性や時間性や文脈性を重視する知のあり方である。

●モラトリアム
エリクソンによって，心理学に導入された概念。青年期において，アイデンティティの達成は要求されているが，その困難な状況を解決するために，社会の側から，社会的責任，役割，義務などが免除されている状態のこと。本来は，成熟した人間へと発達するために，社会的に認められた猶予期間を意味するが，日本においては

用語解説

「社会的に認められた期間を過ぎたにもかかわらず猶予を求める状態」をさして否定的な意味で使われることもある。

●モラル
道徳，倫理。一般には，人生・社会に対する精神的態度をさす。幼児期の場合は，基本的な社会生活を送ることができるように，善悪を区別することの学習や家族との信頼関係を基軸に良心を発達させることが，モラルを理解する際の学習課題となろう。

■や行

●有能感
有能感（コンピテンス）は，自身の遂行能力に対する自信を意味する。エリクソンは，児童期の「勤勉」という課題にとってこの有能感が重要なものだと述べる。有能感をもつことで，何らかの困難な状況に置かれたときにも，未来に向けて目標をたて希望をもって努力することができる。「自己肯定感」や「自尊感情」「効力感」（努力すれば環境に対し変化をもたらすことができるという自信）にも重なる言葉である。

■ら行

●臨界期仮説
critical period hypothesis。音楽，言語，スポーツなどの学習能力は，一定の年齢を越えると難しくなるという仮説。音楽では絶対音感が早期の教育，言語は大脳の成長が限界を迎える思春期前後まで，スポーツの基礎も子ども時代が重要であるという。しかし，早期教育がよいともいえず，ある時期を過ぎると学べなくなるかどうかは検証されていない。

●老人大学
日本独自の高齢者の学習・交流の場で，1954年長野県伊那市で小林文成が自宅の寺を楽生学園と命名して開講したのが発端だとされている。その後公民館などで高齢者の交流と学習の場が編まれ，地域に根ざした老人大学が普及していったが，1990年代より，都道府県レベルの広域型・学校型老人大学が，福祉・教育行政系列の双方から設立されていった。学習内容は，福祉・健康から，教養・実学・史跡巡りなど多岐にわたり，学年制や自治会，クラブ活動などをもつところも多い。

用語解説【引用文献】
神谷美恵子　1966　生きがいについて　みすず書房
ウェンガー, E., マクダーモット, R. & スナイダー, W.M.／櫻井祐子（訳）　2002　コミュニティ・オブ・プラクティス　翔泳社
やまだようこ　2000　人生は物語である―生涯発達心理のすすめ　新・心理学がわかる　朝日新聞社

引用（参考）文献

▶1章

新井郁男　1979　概説・ラーニング・ソサエティの意味　新井郁男（解説・編集）　現代のエスプリ No.146　至文堂　pp.5-21.

ベネッセ教育研究所　1997　第5回国際教育シンポジウム報告書（別冊モノグラフ・小学生ナウ「子どもにとっての教師：国際比較を通して教師のあり方を考える」）　ベネッセコーポレーション　pp.3-18.

Benson, P.L. 2003 Developmental assets and asset-building community: conceptual and empirical foundations. In R.M., Lerner, & P.L. Benson., (Eds.), *Developmental assets and asset-building community: implications for research, policy, and practice*. Kluwer academic/plenum publishers. pp.19-43.

Chan, B., Carlson, M., Trickett, B. & Earls, F. 2003 Youth participation: a critical element of research on child well-being. In R.M. Lerner & P.L. Benson (Eds.), *Developmental assets and asset-building community: implications for research, policy, and practice*. Kluwer academic/plenum publishers. pp.65-96.

岩槻知也・小野田正利　2000　子育て支援環境の充実—サークル，幼稚園，保育所，学童保育　日本教育経営学会（編）　生涯学習社会における教育経営　玉川大学出版部　pp.228-242.

国立教育政策研究所社会教育実践研究センター　2006　子どもの成長過程における発達資産についての調査研究報告書

ラングラン，P./波多野完治（訳）　1979　生涯教育について　持田栄一・他（編）　生涯教育事典　資料・文献編　ぎょうせい　p.6.（Lengrand, P 1965 *Education permanente*.）

文部科学省　2005　平成17年度社会教育調査報告書

文部省中央教育審議会　1981　生涯教育について（答申）

文部省社会教育審議会　1971　急激な社会構造の変化に対処する社会教育のあり方について（答申）

大阪府社会教育委員会議　2003　子どもの課題に対処するため，大人に対して取り組む社会教育行政のあり方について（提言）

臨時教育審議会　1985-87　教育改革に関する第1～第4次答申

佐藤晴雄　1999　生涯学習の推進体制　清水一彦（編集代表）　教育データランド 1999-2000　時事通信社　pp.220-223.

梅原直子・平野裕子・藤本真奈美・中川知子・石井智子　1998　親と親が育ちあう子育てネットワーク（座談会）　教育科学研究会（編）　教育 No.628　国土社　pp.25-38.

引用（参考）文献

▶2章
玄田有史　2005　働く過剰　日本の＜現代＞12　NTT出版
ハヴィガースト，R.J.／荘司雅子（監訳）　1995　人間の発達課題と教育　玉川大学出版会
柏木惠子　2003　子どもという価値　中公新書
厚生労働省　2006　「二十一世紀出生児縦断調査」（2006年11月29日閲覧）
　　http://www.mhlw.go.jp/toukei/saikin/hw/syusseiji/05/kekka2.html
日本学習図書　2005　有名私立国立小学校入試問題集
日本経済新聞　2006年12月6日付朝刊　日本経済新聞社
日本経済新聞　2006年12月16日付朝刊　日本経済新聞社
ノルト，D.R. & ハリス，L.／石井千春（訳）　2003　子供が育つ魔法の言葉　PHP出版
山田昌弘　2004　希望格差社会　筑摩書房

▶3章
ベネッセ教育研究所　1995　幼児の生活アンケート　ベネッセコーポレーション
川上道子　1996　生活環境の変化と幼児の生活実態　季刊子ども学，11号（特集 早期教育と子ども）　ベネッセ教育研究所
厚生労働省　2005　平成16年度社会福祉行政業務報告
厚生労働省　2006　平成17年度乳幼児栄養調査（2007年3月閲覧）
　　http://www.mhlw.go.jp/houdou/2006/06/h0629-1.html
文部科学省　2006　平成17年度文部科学白書
森　津太子　2003　メディア研究を人間発達の視点から考える　坂本　章（編）　メディアと人間の発達　学文社
坂本　章（編）　2003　メディアと人間の発達　学文社
澤野由紀子　2002　生涯学習社会における地域子育て支援システムに関する総合的研究　国立教育政策研究所生涯学習政策研究部
全国保育団体連絡会／保育研究所　2006　保育白書　2006年版

▶4章
エリクソン，E.H.／仁科弥生（訳）　1977　幼児期と社会　みすず書房（Erikson, E.H. 1950 *Childhood and society*. W.W. Norton.）
深谷昌志・深谷和子（監修）　2004　モノグラフ・小学生ナウ　vol.24-1　ベネッセ未来教育センター
ハート，R.A.／IPA日本支部（訳）　2000　子どもの参画―コミュニティづくりと環境ケアへの参画のための理論と実践　萌文社（Hart, R.A. 1977 *Children's Participation*. London: Earthscan.）
ハヴィガースト，R.J.／荘司雅子（監訳）　1995　人間の発達課題と教育　玉川大学出版会（Havighurst, R.J. 1953 *Human development and education*. Longmans.）
堀　薫夫　1992　発達課題とカリキュラム　梶田叡一（編）新・児童心理学講座13巻　学

校教育と子ども　金子書房　pp.59-92.
国立教育政策研究所社会教育実践研究センター　2006　子どもの成長過程における発達資産についての調査研究報告書
厚生労働省雇用均等・児童家庭局　2001　児童環境調査
文部科学省　2005　体力・運動能力調査
内閣府政策統括官　2001　青少年の生活と意識に関する調査
野呂　正　1994　発達心理学　改訂版　放送大学教育振興会
ロゴフ，B／當眞千賀子（訳）　2006　文化的営みとしての発達—個人，世代，コミュニティ　新曜社
志水宏吉　2005　学力を育てる　岩波書店
吉崎静夫　1992　学習への動機づけ　梶田叡一（編）新・児童心理学講座13巻　学校教育と子ども　金子書房　pp.93-132.

▶5章

安藤　博　2006　発達資産とは　国立教育政策研究所社会教育実践センター　子どもの成長過程における発達資産についての調査研究報告書　pp.3-5
安藤　博　2006　いばらきの子育ち・子育て　研究交流誌・いばらきの福祉活動，2，6-15.　茨城県社会福祉協議会
安藤　博　2006　「いい子」より「結い子」　週刊教育資料，965，11-13. 日本教育新聞社
安藤　博　2003　地域親論　週刊教育資料，814，11-13. 日本教育新聞社
安藤　博　2004　子どもの危機にどう向き合うか　信山社
安藤　博　2006　「役立ち感」を「変える力」に　青少年問題，3月号
茨城県青少年健全育成審議会　2002　青少年と地域活動について
国立教育政策研究所社会教育実践研究センター　2006　子どもの成長過程における発達資産についての調査研究報告書
Lerner, R.M. & Peter, L.B.　2003　*Developmental assets and asset-building commuities: Implications for Research, Policy, and Practice*. New York: Plenum.

▶6章

エリクソン，E.H.／岩瀬庸理（訳）　1973　アイデンティティ　金沢文庫（Erikson, E.H. 1968 *Identity: Youth and Crisis*. W.W. Norton.）
波多野完治（編）　1965　ピアジェの発達心理学　国土社
ハヴィガースト，R.J.／荘司雅子（監訳）　1995　人間の発達課題と教育　玉川大学出版部（Havighurst, R.J.　1953　*Human Development and Education*. Longmans, Green & Co., INC.）
広井良典　2006　持続可能な福祉社会—「もう一つの日本」の構想　筑摩書房
小杉礼子　2005　学校から職業への移行において何が障壁となっているか　季刊教育法，145，34-38.

引用（参考）文献

厚生労働省　2005　平成17年版　労働経済の分析　人口減少社会における労働政策の課題
　　http://www.whlw.go.jp/wp/hakusyo/roudou/05/index.html
桑原敏明　2006　ニート―社会制度・教育制度からの改革　教育と医学，**54**（7），12-22．
森　陽子　2002　青年期と非行　白井利明・都築　学・森　陽子（著）　やさしい青年心理学　有斐閣　pp.119-138．
内閣府　2005　青少年の就労に関する研究調査（若年失業者に関する調査）（中間報告）
　　http://www8.cao.go.jp/youth/kenkyu.htm
尾木直樹　2005　教育の視点から見たひきこもり―深刻化するコミュニケーション不全　こころの科学，**123**，58-63．
小此木啓吾　2000　「ケータイ・ネット人間」の精神分析―少年も大人も引きこもりの時代　飛鳥新社
ピアジェ，J.／谷村　覚・浜田寿美男（訳）　1978　知能の誕生　ミネルヴァ書房（Piaget, J. 1947 La naissance de l'intelligence chez l'enfant. Neuchâtel; Paris: Delachaux & Niestlé.）
斉藤　環　1998　社会的引きこもり　PHP出版

▶ 7章

中央教育審議会　2006　青少年の意欲を高め，心と体の相伴った成長を促す方策について　平成18年9月28日
国立教育政策研究所社会教育実践研究センター　2006　平成17年度　社会教育事業の開発・展開に関する調査研究事業　子どもの成長過程における発達資産についての調査研究報告書
（社）日本経済団体連合会　2004　21世紀に生き抜く次世代育成のための提言―多様性，競争・評価を基本にさらなる改革の推進を（2004年4月閲覧）
　　http://www.keidanren.or.jp/japanese/policy/2004/031/index.html
（社）日本経済団体連合会　2006　主体的なキャリア形成の必要性と支援のあり方―組織と個人の視点のマッチング（2006年6月20日閲覧）
　　http://www.keidanren.or.jp/japanese/policy/2006/044/index.html
総務省　2005　「平成16年度　青少年の社会的自立に関する意識調査」
　　http://www8.cao.go.jp/youth/kenkyu/syakai/

▶ 8章

赤尾勝巳　1998　生涯学習の社会学　玉川大学出版部
天野正子　1990　ライフコースと教育社会学―特集にあたって　日本教育社会学会（編）　教育社会学研究，**46**，5-15．
Argyris, C.　1999　*On Organizational Learning*. Malden, MA: Blackwell Business.
土井利樹　1994　学習プログラム編成の理論　倉内史朗・土井利樹（編）　成人学習論と生涯学習計画　亜紀書房　pp.51-83．

引用（参考）文献

Hargreaves, D.　2003　*Education Epidemic*. London: DEMOS.
畑村洋太郎　2005　失敗学のすすめ　講談社文庫
ハヴィガースト, R.J.／児玉憲典・飯塚裕子（訳）　1997　ハヴィガーストの発達課題と教育―生涯発達と人間形成　川島書店
速水敏彦　2006　他人を見下す若者たち　講談社現代新書
久村恵子・渡辺直登　2003　メンタリングから見たキャリア発達論　一橋ビジネスレビュー，51巻1号，36-49．東洋経済新報社
城　繁幸　2006　若者はなぜ3年で辞めるのか―年功序列が奪う日本の未来　光文社新書
香川正弘　2002　ライフサイクルと生涯学習　香川正弘・三浦嘉久（編著）　生涯学習の展開　ミネルヴァ書房　pp.17-32.
金井壽宏　2002　働くひとのためのキャリア・デザイン　PHP新書
厚生労働省　2006　若年者就職基礎能力（2006年12月18日閲覧）
　　http://www.mhlw.go.jp/
野中郁次郎・紺野　登　2003　知識創造の方法論―ナレッジワーカーの作法　東洋経済新報社
太田隆次　1999　アメリカを救った人事革命　コンピテンシー　経営書院
Scales, P. C. & Leffert, N.　1999　*Developmental Assets: A Synthesis of the Scientific Research on Adolescent Development*（2nd ed.）. Minneapolis: Search Institute.
鑪　幹八郎　1990　総論：ライフサイクルと家族　小川捷之・齋藤久美子・鑪幹八郎（編）　臨床心理学大系第3巻　ライフサイクル　金子書房　pp.1-22.
山田昌弘　2004　希望格差社会―「負け組」の絶望感が日本を引き裂く　筑摩書房
やまだようこ　2000　人生は物語である―生涯発達心理学のすすめ　新・心理学がわかる　朝日新聞社　pp.10-13
渡邊洋子　2002　生涯学習時代の成人教育学―学習者支援へのアドヴォカシー　明石書店

▶9章
堀　薫夫・三輪健二（編著）　2006　生涯学習と自己実現　放送大学教育振興会
神野直彦　2002a　人間回復の経済学　岩波書店
神野直彦　2002b　地域再生の経済学　中央公論新社
川野辺敏・立田慶裕（編著）　1999　生涯学習論　福村出版
倉沢　進　2002　コミュニティ論　放送大学教育振興会
松下圭一　1986　社会教育の終焉　筑摩書房
中村　香　2006　企業内教育から「学習する組織」へ　赤尾勝己（編）　現代のエスプリ　生涯学習社会の諸相　至文堂　pp.181-191
NHK放送文化研究所　2004　現代日本人の意識構造　第6版　日本放送出版協会
NHK放送文化研究所　2006　2005年国民生活時間調査報告書
大阪大学人間科学部社会教育論講座　1996　楽しく学べるまちづくりをめざして―寝屋川市生涯学習調査報告書'96

引用（参考）文献

パットナム，R.D.／河田純一（訳）　2001　哲学する民主主義　NTT出版
佐藤一子（編）　2004　NPOの教育力　東京大学出版会
吹田市生涯学習推進本部　2004　市民の生涯学習に関する調査報告書
上杉孝實　1993　地域社会教育の展開　松籟社
ウェンガー，E.，マクダーモット，R. & スナイダー，W.M.／櫻井祐子（訳）　2002　コミュニティ・オブ・プラクティス　翔泳社

▶ 10章

バンデューラ，A.／原野広太郎（監訳）　1979　社会的学習理論　金子書房
Barker, R. 1987 *The social work dictionary*. NASW. p.4.
ドレイブス，W.A.／三浦清一郎・末崎ふじみ（訳）　1990　研修・訓練における成人指導の方法　（財）全日本社会教育連合会
エリクソン，E.H.，エリクソン，J.M. & キヴニック，H.Q.／朝長正徳・朝長梨枝子（訳）　1990　老年期―生き生きとしたかかわりあい　みすず書房
フェデリーギ，P.／佐藤一子・三輪建二（監訳）　2001　国際生涯学習キーワード事典　東洋館出版社
堀　薫夫　1999　教育老年学の構想―エイジングと生涯学習　学文社
堀　薫夫　2006　教育老年学の展開　学文社
猪飼美恵子　2006　成人の発達と学習―継続は力　学文社
香川正弘・佐藤隆三・伊原正躬・荻生和成　1999　生きがいある長寿社会　学びあう生涯学習―生きがいづくり支援の現状と展望　ミネルヴァ書房
北田耕也　1999　自己という課題―成人の発達と学習・文化活動　学文社
小口忠彦（監修）　2001　人間の発達と生涯学習の課題　明治図書
国立教育会館・社会教育研修所　1999　高齢社会と学習（社会教育指導者の手引）
厚生労働省　平成8年版　高齢社会白書
クラントン，P.／入江直子・豊田千代子・三輪建二（訳）　1999　おとなの学びを拓く　鳳書房
メリアム，S.B. & カファレラ，R.S.／立田慶裕・三輪建二（監訳）　2005　成人期の学習―理論と実践　鳳書房
メイヤロフ，M.／田村　真・向野宣之（訳）　1971　ケアの本質―生きることの意味　ゆみる出版
三浦文夫　1996　老いて学ぶ　老いて拓く　ミネルヴァ書房
西尾祐吾・清水隆則　2000　社会福祉実践とアドボカシー―利用者の権利擁護のために　中央法規
ノディングズ，N.／立山善康・他（訳）　1997　ケアリング：倫理と道徳の教育―女性の観点から　晃洋書房
岡本包治　1989　豊かな高齢社会の創造　ぎょうせい
Roby Kidd, J.　1979　*How Adult Learn*. New York: Association Press.

引用（参考）文献

橘　覚勝　1971　老年学―その問題と考察　誠信書房
塚本哲人　1990　高齢者教育の構想と展開　（財）全日本社会教育連合会
ユネスコ／天城　勲（監訳）　1997　学習：秘められた宝　ユネスコ21世紀教育国際委員会報告書（UNESCO 1996 *Learning The Treasure Within*. Report to UNESCO of the International Commission.）

▶ 11章
福嶋　順　2006　NPOによる高齢者教育―エルダーホステル協会を事例として　堀　薫夫（編）　教育老年学の展開　学文社　pp.177-191.
『月刊公民館』編集部（編）　2006　特集　高齢者と社会参加　月刊公民館，9，3-24.
堀　薫夫　1999　教育老年学の構想　学文社
堀　薫夫　2004　高齢者の社会参加―公民館における学習をめぐって　月刊公民館，10，11-15.
堀　薫夫（編）　2006　教育老年学の展開　学文社
Huang, C.S.　2006　The university of the third age in the UK. *Educational Gerontology*, 32, 825-842.
木村　純　2005　高齢者の社会参加と生涯学習　都市問題研究，57（5），27-40.
松尾魚菜子　2002　シニアネット・ジャパンの活動から見えてきた課題（上）（下）　社会教育，668，66-67；669，64-65.
ミルズ，E.S.／豊後レイコ・柏岡富英・藪野祐三（訳）　1995　エルダーホステル物語　エトレ出版（Mills, E.S.　1992　*The Story of Elderhostel*. University Press of New England.）
宮崎県長寿学園ホームページ（2007年1月6日閲覧）
　　http://sun.pref.miyazaki.jp/scramble/choju/index.html.
梨本雄太郎　1999　高齢者の社会参加過程における学習の意味　日本社会教育学会（編）　高齢社会における社会教育の課題　東洋館出版　pp.74-85.
生津知子　2006　第三期の大学の基本理念と活動実態　堀　薫夫（編）　教育老年学の展開　学文社　pp.160-176.
西下彰俊　1992　高齢期における社会参加の保障　折茂　肇（編）　新老年学　東京大学出版部　pp.1195-1208.
大阪教育大学生涯教育計画論研究室（編）　2006　老人大学修了者の老人大学への評価に関する調査研究―大阪府老人大学を事例として
佐倉市民カレッジホームページ（2007年1月6日閲覧）
　　http://www.city.sakura.lg.jp/kominkan/cyuou/info/karejji/siminkarejji01.htm.
関口礼子（編）　1996　高齢化社会への意識改革　勁草書房
柴田　博　2002　8割以上の老人は自立している　ビジネス社
高橋　興　1991　単位制生涯学習援助システム整備の課題―長寿学園開設事業を例として　日本生涯教育学会年報，12，47-60.

引用（参考）文献

田中雅文　1998　高齢者における学習と社会参加の関係　日本女子大学紀要　人間社会学部，9，313-329.
矢野　泉　1993　長寿学園における高齢者への学習援助サービスの動向　東京大学教育学部社会教育学研究室（編）　社会教育学・図書館学研究，18，33-42.
全国公民館連合会（編）　2003　公民館を活用した高齢者の社会参加促進について
全国老人クラブ連合会ホームページ（2007年1月6日閲覧）
　　http://www4.ocn.ne.jp/~zenrou/.

▶12章

浅井経子　2006　学習成果の評価と活用　伊藤俊夫（編）　生涯学習概論　文憲堂
ブールデュー，P.／石井洋二郎（訳）　1990　ディスタンクシオン―社会的判断力批判（1）（2）　藤原書店
ドロール，J　1997　教育―なくてはならない理想郷　学習：秘められた宝所収
Field, J.　2005　*Social Capital and Lifelong Learning*. Policy Press.
ガーゲン，K.J.／杉万俊夫・他（監訳）　1998　もう一つの社会心理学―社会行動学の転換に向けて　ナカニシヤ出版
ホワイト，R.W.／中園正身（訳）　1985　自我のエネルギー―精神分析とコンピテンス　新曜社
マズロー，A.H.　人間性の心理学　小口忠彦（訳）　1987　産業能率大学出版部
OECD　2003　*Beyond Rhetoric : Adult Learning Policies and Practice*.
ライチェン，D.S.他（編）／立田慶裕（監訳）　2006　キー・コンピテンシー―国際標準の学力をめざして　明石書店
佐藤一子　2003　生涯学習がつくる公共空間　柏書房
ユネスコ／天城　勲（監訳）　1997　学習：秘められた宝　ユネスコ21世紀教育国際委員会報告書（UNESCO 1996 *Learning: The Treasure Within*. Report to UNESCO of the International Commission.）
山本慶裕　1996　生涯学習の現代的課題　全日本社会教育連合会
山本慶裕　1996　一枚の写真から　赤尾勝己・山本慶裕（編）　学びのスタイル　玉川大学出版部
山本慶裕　2000　ケルン憲章―生涯学習の目的と希望―を読む　社会教育，643，12-14. 全日本社会教育連合会

■**執筆者一覧**（執筆順）　　＊は編著者

岩槻　知也＊	京都女子大学発達教育学部	1章
長岡智寿子	法政大学キャリアデザイン学部	2章
古屋　貴子	東京大学大学院	3章
今井貴代子	大阪大学大学院	4章
安藤　　博	茨城キリスト教大学生活科学部	5章
北川　庄治	東京大学大学院	6章
椎　　廣行	大阪教育大学	7章
織田　泰幸	岡山学院大学キャリア実践学部	8章
福嶋　　順	大阪大学人間科学部	9章
中嶌　　洋	上智大学大学院	10章
堀　　薫夫	大阪教育大学教育学部	11章
立田　慶裕＊	国立教育政策研究所生涯学習政策研究部	12章

■編者紹介

立田慶裕（たつた・よしひろ）

1953 年　大阪府に生まれる
1980 年　大阪大学大学院人間科学研究科博士課程単位取得満了
現　在　国立教育政策研究所　総括研究官，教育学修士
〈主著〉
『人生を変える生涯学習の力』（編著）　新評論　2004 年
『参加して学ぶボランティア』（編著）　玉川大学出版部　2004 年
『成人期の学習』（監訳）　鳳書房　2005 年
『教育研究ハンドブック』（編著）　世界思想社　2005 年
『キー・コンピテンシー——国際標準の学力をめざして』（監訳）　明石書店　2006 年

岩槻知也（いわつき・ともや）

1966 年　奈良県に生まれる
1994 年　大阪大学大学院人間科学研究科博士後期課程中退
現　在　京都女子大学発達教育学部准教授，博士（人間科学）
〈主著〉
『多文化・民族共生社会と生涯学習』（共著）　東洋館出版社　1995 年
『学びのスタイル—生涯学習入門』（共著）　玉川大学出版部　1996 年
『読み書きの学び—成人基礎教育入門』（共監訳）　解放出版社　1998 年
『生涯学習社会における教育経営』（共著）　玉川大学出版部　2000 年
『人生を変える生涯学習の力』（共著）　新評論　2004 年

家庭・学校・社会で育む発達資産
──新しい視点の生涯学習──

2007年4月20日　初版第1刷印刷	定価はカバーに表示
2007年5月1日　初版第1刷発行	してあります。

編著者　立　田　慶　裕
　　　　岩　槻　知　也

発行所　㈱北大路書房

〒603-8303　京都市北区紫野十二坊町12-8
電　話（075）431-0361㈹
ＦＡＸ（075）431-9393
振　替　01050-4-2083

©2007　　　　　　　　印刷・製本／亜細亜印刷㈱
検印省略　落丁・乱丁本はお取り替えいたします
ISBN978-4-7628-2555-2　　Printed in Japan